# メディアの怪人 徳間康快

佐高 信

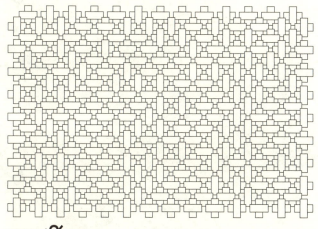

講談社+α《プラスアルファ》文庫

メディアの怪人　徳間康快◉目次

写真　共同通信社
　　　講談社写真資料室

# メディアの怪人

徳間康快

第一章

# 読売新聞への愛憎

## 「オレはだまされた」

「社長、絶対に損しますから」

たとえば、映画の『敦煌《とんこう》』を撮る時、部下たちがどんなに止めても、徳間《とくま》康快《やすよし》は

「中国から儲けちゃいかん。日本人はさんざん悪いことをしたんだから」

と言って、反対を押し切った。

のちに詳述するが、その損はハンパな額ではない。とてつもない金額になった。

それでも突進することをやめない。

「心配するな。カネは銀行にいくらでもある」

「借金取りは墓場までは来ない」

こんな語録を遺した徳間は夢を売る男だった。ホラに近い夢もあったが、もともと、夢とホラは紙一重であり、ある人にはホラと聞こえるものも、別の人には夢と映る。

この文化の仕掛人、あるいはスーパー・プロデューサーに対しては、いい評判だけではなく、悪い評判もころがっている。

「清濁併せ呑むというけれども、オレの場合は濁々併せ呑むだね」

自ら、こう述懐してもいる。

しかし、おカネを残さなかったことだけは確かだった。黒幕と呼ぶ人もいたが、児孫のために美田は買わなかったのである。

「飲水思源」は中国の言葉で、水を飲む時にはその井戸を掘った人を思えという意味である。コウカイならぬゴウカイ（豪快）とも呼ばれた徳間康快は文化の井戸を掘った。それも必ず水が出ると信じて掘ったのではなく、徒労に終わっても掘り続けなければ水は出ないと覚悟して、さまざまな井戸を掘り続けた。

晩年、徳間ジャパン専務といった立場を超えて徳間にかわいがられた三浦光紀《こうき》は筆

者の高校以来の親友だが、『徳間康快追悼集』に追悼の弁を書いている人を見ながら
「徳間さんが嫌っていた人が並んでいる」

と眉をひそめる。

もちろん、五木ひろしや栗原小巻、それに高倉健などを嫌っていたわけではない。

「オレはだまされた」

徳間の最期の言葉はこれだった。

では、誰にだまされたのか？

『徳間康快追悼集』では、住友銀行から転じて徳間書店の社長となった松下武義が「発刊にあたり」を書いている。

そして、「お別れの言葉」を述べた『もののけ姫』の宮崎駿《はやお》が続き、以下、次の三人の弔辞が並んでいる。

二〇〇〇年一〇月一六日の日付で、日本テレビ会長の氏家齊一郎《せいいちろう》、東映会長の岡田茂、それに日本書籍出版協会名誉会長の服部敏幸である。

宮崎は「徳間社長」と呼びかけ、氏家は「徳間先輩」、岡田は「徳間さん」、そして服部は「徳間君」と呼んでいるが、それぞれの徳間との関係を表している。

岡田によれば、徳間は大映を引き受ける時、

「私はどうしても映画をやりたい。出版、映画、新聞、音楽などあらゆるメディアでマスコミ界の三冠王、四冠王になりたいんだ」

と岡田に熱っぽく語ったという。

それはともかく、徳間は誰にだまされ、裏切られたと思ったのか……。

二〇〇〇年の九月二〇日、徳間は肝不全で亡くなった。享年七八。

妻の徳間五穂《いつほ》から知らせを受け、三浦光紀は都内渋谷区松濤《しようとう》の自宅へ駆けつけ、裏口から入った。

表には読売新聞社長（当時）の渡邉恒雄や西武鉄道グループのオーナーである堤義明、そして俳優の高倉健など、そうそうたる面々が待っている。

三浦はそのころ、ヘッドハンティングを受けてマーキュリーの会長となり、徳間グループを離れていたが、ほぼ同年輩ということもあって、五穂から頼みにされていた。

五穂とすれば、徳間の前妻のことを知っている前からの社員は敬遠したかったのだろう。その点、後から徳間グループに入った三浦は前妻のことは知らず、いろいろ頼

みやすかった。

三浦も、親父みたいに慕っていた徳間が亡くなったので、とるものもとりあえず、駆けつけたのである。

娘の舞らと、徳間を着換えさせ、お棺に納めて、

「じゃ、弔問に来た人たちを中へ入れましょう」

と三浦が言うと、

「いいの、私たちだけで」

と五穂はそれを拒否した。

そのために三浦は、待ちぼうけを食わされたお歴々や親戚から、あらぬ疑いをかけられることになるが、もちろん、五穂とそんな間柄だったわけではない。

ただ、とくに晩年に至って、徳間は周囲の妻や限られた人間に多くの不満をもらしていた。とりわけ五穂には、

「だまされた、裏切られた」

と愚痴めいたそれをこぼし続けていたのである。

徳間には、自分が亡くなったらすぐに焼くようにと言って、つけていた日記があ

る。

それを読むまでもなく、五穂は誰ひとり信じられない、葬儀も自分ひとりだけでやるんだ、と力んでいた。

いろいろ説得を受けて、のちに書店主催の葬儀もやり、『徳間康快追悼集』も出ることになったが、最初の段階では、三浦が驚いたほどに、尋常ではない形で事は進められた。

それほどに徳間の不信感は大きく、打ち明けられた五穂は、自らもてあますくらい、それに支配されていた。

そのことを知ってか知らずか、渡邉恒雄は『徳間康快追悼集』に「先輩、トクさんを想う」と書いている。

「一介の素浪人から、新光印刷を成功させ、徳間書店を中心に、映画、音楽、アニメ、テレビ、印刷、貿易など超多面経営を展開したその経営能力は抜群で、その政、財、文化界にわたる交際の広さも驚くべきものがあったが、その一面、英雄豪傑にありがちな孤独さがあったに違いない」

さすがに長いつきあいで、徳間の「孤独さ」を見逃していないが、では徳間は渡邉を信頼していたのか？

徳間書店が創刊した『アニメージュ』の編集長だった尾形英夫が書いた『あの旗を撃て！』（オークラ出版）に、こんな場面がある。

神戸大学の学生時代からアニメのファンというよりマニアだった梅名《うめな》英生《ひでお》が寄せているエッセイで、梅名が尾形に紹介されて徳間と会った時、徳間はまだ三〇歳になっていない梅名に名刺を両手で差し出しながら、

「こんど『風の谷のナウシカ』をアニメ化しますので、どうかよろしく」

と、最敬礼したと回想しているのである。

「あのときの徳間社長の最敬礼は忘れられません」

三〇歳以上も年上の人間から、こんな挨拶をされては、梅名も忘れるに忘れられない対面だったろう。

もちろん、尾形自身の思い出もある。

先発の『アニメージュ』が「アニメグランプリ」を始め、しばらくしてから、後発のアニメ五誌が連合して「日本アニメ大賞」なるものを創設し、

「同じ業界で表彰制度がふたつあるのはおかしい。できればいっしょにやらないか」

と打診してきた。

再三言ってくるので、徳間にその旨を話すと、即座に一喝された。

「きみが始めた〈アニメGP〉をやめるというのか。そんなもの断わってしまえ！」

尾形は「ケンカ好きの徳間らしかった。尻馬に乗るのを最も嫌う。ぼくらには頼もしい司令官だった」と述懐している。

そんな徳間が生きていて、読売巨人軍のオーナーとしての渡邉恒雄の、

「たかが選手が」

という発言を聞いたら、どう思ったか。

怒るか、悲しい顔をするかのどちらかだろう。その渡邉は『徳間康快追悼集』の「先輩、トクさんを想う」をこう始めている。

「徳間康快さんを初めて見たのは、私が共産党の東大細胞にいたころで、有楽町のガード下で、前妻宮古みどりさんと二人寄り添った姿だった。『見た』と書いたのは、この読売新聞記者であった共産党員が、大変な大物に見えて、口もきくことができなかったからである。その頃、私は宮古三姉妹の住む下宿で開かれた居住細胞会議によく出席しており、みどりさんのファンでもあった。その後、女学校ストライキを煽

動、組織している時、『新日本婦人新聞』記者であった宮古みどりさんを通じて、徳間さんの話を聞けるようになった」

　言うまでもなく、「読売新聞記者であった共産党員」が徳間康快である。そうした履歴については、おいおい記すが、むしろ、前妻の宮古みどりの方がバリバリの共産党員だったといわれる。

　のちに渡邉は「大変な大物に見えて、口もきくことができなかった」この先輩記者にして先輩党員と親しく話すようになる。共に党は脱《ぬ》けることになるが、渡邉は本当に徳間を想っていたのだろうか？

　徳間にとって読売新聞は、かつて在籍し、そして追われた新聞社であり、愛憎共に強い対象だった。なつかしくもあり、憎らしくもある古巣だったのである。

　そこの後輩だった渡邉が今やトップとなり、実権を握っている。宮崎アニメでも、いろいろ関係が深まってくるが、それは徳間にとって喜ばしいばかりではなかった。

　三浦と共に何度か昼食をごちそうになった際の印象から言っても、ハニカミ屋の徳間が傲岸なところのある渡邉を信頼していたとは私には思えないのである。

## 後輩・渡邉恒雄と氏家齊一郎

私は読売新聞グループのドン、渡邉恒雄と『現代』の二〇〇六年一月号で対談した。

パイプをくわえながら、渡邉は最後にこんなことを言った。

「僕はね、キューバのカストロ、アメリカのロバート・ケネディ、韓国の金鍾泌《キムジョンピル》、といった、ひところ権力の頂点にいた人物と同じ歳なんだ。渡邉恒雄だけが出世していない」

それで私が、

「そんなことはない(笑)。だいたいその権力者たちは、ほとんどが失脚したり殺されたりしているじゃないですか」

と応ずると、渡邉は、

「うん。いまも権力を保っているのはカストロ、そして渡邉恒雄だけなんだ(笑)」

と臆面もなく言ってのけたのである。

その後、カストロも退き、いまや「権力を保っているのは」渡邉だけになってしまった。

これには徳間康快の死も影響しているのではないか。共産党と読売という二つの組織の先輩である徳間は、渡邉にとって、かなり煙たい存在だった。

その渡邉の徳間への追悼文を続ける。

「私が共産党を脱党して、読売新聞に入社したころ、レッド・パージ以後であって、徳間さんは読売を去っており、いつの間にか緒方竹虎《たけとら》さんに近づき、緒方さんの親友であった中野正剛《せいごう》氏の長男の経営する『真善美社』の役員となり、倒産後の整理もしていた。

その後、『アサヒ芸能』の社長となった徳間さんと親しくなって、こっそり内職原稿を毎週のように書くようになった。

それから何十年か経って、徳間さんが『東京タイムズ』を含む徳間書店のコンツェルンの社長となり、私も読売新聞社の社長となったのだが、徳間さんと遊び仲間的友人関係から、本格的な取引関係に入ったのは、読売新聞を数十万部、徳間プレスに委託印刷するようになってからである」

そのころ、渡邉が徳間プレスを訪ねたら、徳間は社員一人一人の名前を覚えていて、ちゃんづけし、肩を叩いていた。

その指揮ぶりに感心し、社長室が広間の一隅の、ついたてに囲まれただけの質素なものであることに渡邉は驚いた。

「豪放磊落《ごうほうらいらく》、常に人生を謳歌しているかに見えたトクさん」を偲ぶ渡邉の一文は、「何でも直言できる参謀がいれば、傘下企業の経営や自身の健康も別な展開を見せていたかもしれない。私も、もっと親身に忠告しておくべきだったと悔やまれる。得がたい先輩を失って無念の限りである」と続く。

しかし、「無念」はむしろ徳間の方のものだった。徳間にとって渡邉は決して「得がたい後輩」ではなかったからである。

そのことを語る前に、渡邉の盟友で、やはり徳間の後輩になる氏家齊一郎の、徳間に対する弔辞を引きたい。

「徳間先輩

私があなたに最後にお目にかかったのは、この（二〇〇〇年）五月でした。

その時あなたは『氏さん、元気でね。またね』と言って別れていったのが、永遠の別離になろうとは予想だにしませんでした。

今、私がここに立っていても、あなたが何時もの人懐っこい笑顔を浮かべながら『氏さん元気?』と突然現れてきそうな気がします。

徳さん、あなたはひと言で言えば『豪放磊落』または『大胆かつ細心』、忌憚《きたん》のない物言いをするかと思えば、心の襞《ひだ》に入り込むような細やかな心配りを忘れることのなかった人でした。

また人と人との繋がりを何よりも大切にした徳さんの周りには当然ながらいつもたくさんの人が集まってきました。

そう、あなたは決して敵を作る事のない人望のある素晴らしい人でした」

たしかに、この徳間評は当たっている。しかし、「決して敵を作る事のない」徳間が、最期に「だまされた」と言った理由《わけ》を、氏家と、そして渡邉は本当に知らなかったのか。

「徳間先輩」と呼びかける氏家の弔辞は、見逃すことのできない部分を含んで、次のように続く。

「読売新聞の記者時代から公私にわたり親しくさせて頂いていましたが、わたくしが昭和五十七年、日本テレビの副社長に就任して以来、あの『風の谷のナウシカ』で初めて映画という共同作業をする事になったのです。

以来、スタジオジブリの作品総てにおいて徳間さんと苦楽を共にし、ついには『もののけ姫』の大成功へと導いていく事が出来たのです。

誰もが成功するかどうか判らなかった時点で『もののけ姫』への莫大な出資を決定した徳さんの『先見の明』は誰にも真似の出来ない事でした。

しかし、徳さんがあれ程情熱を傾けていた来年公開の宮崎監督の『千と千尋の神隠し』や『三鷹の森・ジブリ美術館』の完成を間近に控えて突然あなたは天国へ旅立ちました。

けれども、徳さん。

徳間グループと日本テレビグループの関係は、徳さんの旅立ちで、かえって強固になり、今後の共同事業を次々に大成功させるようすがになると確信しています」

書き写していても驚愕の念は消えないが、誤植ではないかと、私はここを何度も読み返した。しかし、そうではないらしい。

それにしても、「徳間グループと日本テレビグループの関係は、徳さんの旅立ちで、かえって強固になり」には呆然となる。

これでは徳間が両者の関係が強固になるのを妨げていたことになってしまうが、日本テレビグループを、読売新聞を含む「日テレ・読売グループ」とし、徳間グループを、「スタジオジブリ」とすれば、より話はわかりやすくなる。

つまり、「誰もが成功するかどうか判らなかった時点で『もののけ姫』への莫大な出資を決定した徳さん」がいる間は、金の卵を産む鶏となったジブリを自分のグループへ吸い寄せることはできなかったのである。

徳間に宮崎駿を紹介されて以来、氏家は「スタジオジブリの作品総てにおいて徳間さんと苦楽を共にし」と言っているが、日本テレビグループにどのような「苦」があったのか。

「スタジオジブリを始めとする徳間グループと日本テレビグループとのこれまで以上の絆と繁栄をどうか天国から安心して見守っていてください」

五歳下の後輩である氏家にこう言われても、徳間が天国で安心できるはずがない。

私が先に読売新聞を含む「日テレ・読売グループ」と書いたのは、渡邉恒雄も氏家と共同歩調をとっていたからであり、ジブリは同グループに乗っ取られたと徳間は思っていたのではないかと考えられるからである。

前述の尾形英夫が書いた『あの旗を撃て！』の終章に、一九九四年、常務を最後に徳間書店を退社することになった尾形が、ある会社に顧問としてしばらく籍を置くことが決まると、徳間は一緒にその会社を訪ね、

「このたびは尾形がお世話になるそうで、ありがとうございます」

と社長にお礼のあいさつをしてくれた、と記してある。尾形にとって「それが、徳間との対面の最後だった」という。

「離合集散は人の世の常なのだから、あまり感傷に深入りすべきではないし、そもそも感傷なんて、現実に食って行くうえであまり役に立ちそうもない。しかし、徳間への報恩の念は厳然としていた」と述懐する尾形のこの本は、徳間と宮崎駿の出会いの場面から始まる。『風の谷のナウシカ』を映画化するといった思惑もあって、尾形が宮崎を徳間に引き合わせると、あとで徳間はこう言った。

「おい、あの宮崎という男はいい顔をしている。目つきがいい。おまえもよく見習え」

尾形によれば、徳間はどんな人とでも気さくに面談する反面、会ってから、その人

についての感想は口にしないクールさも持っていた。口にすることがあったとしても、辛口の評が多かったので、この宮崎評は尾形の記憶に残ったのである。

「徳間に仕えた33年間のうち、怒られることがしょっちゅうで、ほめられたことはたったの二回しかない」と振り返る尾形は、偉い人との会食に陪席して、食事のマナーについて細かく指導と注意を受けたことも忘れられない。

「おまえがガツガツ食べるのはみっともない。まず、客が箸《はし》をつけるのが先だ。少しはしとやかに食べろ。それと、スプーン、フォークや皿などは絶対に音をたててはダメだ」

この尾形と徳間の「リスクもコストも考えない」「非常識な決断と行動力」に宮崎駿は感謝している。後年の大ヒットなどまったく想像できなかった宮崎アニメに投資しつづけた徳間の「非常識」を思えば当然だろう。

「私達は、社長が好きでした。

社長は、経営者というより、話をよくきいてくれる後援者のようでした。

企画についても、スタジオの運営についても、現場を信頼してまかせてくれました。

よく『重い荷物をせおって、坂道をのぼるんだ』とおっしゃって、リスクの多い無謀ともいえる計画にも、すばやく決断をしてくれました。映画がうまくいけば、大喜びしてくれました。うまくいかなくても、平然として、スタッフの労をねぎらってくれました」

こう、「お別れの言葉」を述べた宮崎は、

「私達がここまで来られたのは、社長にめぐり会えたおかげです」と続けているが、氏家の、ジブリと日テレの関係は徳間の死によって「かえって強固になり」という弔辞をどう聞いたのか。

## 『権力の陰謀』事件

一九八四年に出た『徳間書店の30年』の巻末年表の一九七二年八月の項に、「現代史資料センター出版会」を設立、とある。現代史に関する資料、記録を出版するためで、社長は徳間である。翌年一〇月に同社は「現代史出版会」と改称した。

ちなみに同社のロングセラーとして、鎌田慧《さとし》の『自動車絶望工場』や本多勝一の

『戦争を起こされる側の論理』、そして朝鮮人強制連行真相調査団編の『朝鮮人強制連行強制労働の記録』などが挙げられている。

この現代史出版会が一九七六年に出したのが緒方克行の『権力の陰謀』だった。石川達三の問題小説『金環蝕』（新潮文庫）の素材となった電源開発の九頭竜《くずりゅう》ダム開発汚職事件を描いたノンフィクションで、緒方は開発のトバッチリを食って銅山を閉鎖しなければならなかった日本産銅の社長として登場する。池田勇人の自民党総裁三選にもからんで、損害補償の交渉が行きづまった緒方は、思い余って右翼の黒幕、児玉誉士夫《よしお》のところに駆け込む。

話を聞いて、児玉はこう言った。

「書類その他、よく調べてみた。内容も了解できたので、何とか調停してあげましょう。すでに、この問題に携わるメンバーも決めてあります。中曽根（康弘）さんを中心として、『読売』政治部記者の渡邉恒雄君、同じ経済部の氏家齊一郎君に働いてもらいます」

そして緒方が問題解決の運動費として一〇〇〇万円を児玉邸に届けた時、この二人の記者も呼ばれて来ていた。

緒方によれば「渡邉記者は中曽根を補佐して政治工作に当たり、氏家記者は経済記者として十数年来の親しい仲にある大堀《おおほり》（弘《ひろむ》）電発副総裁との交渉に当たることになった」という。正当な補償に応じないので、遂に裁判に訴えた緒方を、通産省（現経済産業省）公益事業局長だった大堀は、

「鉱山側の言うことが事実なら私は銀座を逆立ちして歩いてもいいよ。『九頭竜』には計画変更にしろ、工事入札にしろ、疑惑や不正はツメの垢ほどもない。騒げば金になるという、補償めあてのいつもの手にすぎんよ」

と、ある週刊誌で非難した。

いずれにせよ、渡邉にとって、児玉の使い走りの如く書かれている『権力の陰謀』は痛すぎるほど痛かった。それが徳間が社長の出版社から出たのである。

一九八四年六月当時、読売新聞専務だった渡邉は大下英治のインタビューに応じ、「ボクは黒幕なんかじゃないよ」と題して、こう語っている（大下英治『小説政界陰の仕掛人』角川文庫）。

「緒方と会ったのは、こっちは一度か二度しかねぇんだから」

と、会ったのは認めた上で、

「緒方が自分で正しいと思うなら、緒方が電発に対して訴訟を起こしたらいいじゃないかと、児玉誉士夫にそういったんだ。あなたが口をきいて、顔で解決すべき問題じゃありません。これは、行政とか新聞とかの手の出る問題ではない」

と言って、児玉は手を引くことになったという。

ロッキード事件が発覚してから、児玉と渡邉の関係は再び週刊誌等で書かれ、渡邉は弁護士を呼んで告訴すると息巻いたが、副社長の原四郎に、そんなものは無視しろ、と止められて、訴えなかったとか。

「緒方はロッキード事件の最中に、ヒーローぶってた。九頭竜事件とロッキード事件は同じだなんていって、権力の陰謀だとかなんとか書いてね」

渡邉はこうも言っているが、児玉との仲を云々《うんぬん》されるのは実に迷惑なことだったので、渡邉によれば、緒方に詫状を書かせたという。それを渡邉が書いていた『週刊読売』のコラムに載せた。まず、渡邉の言い分を引く。

「緒方に『権力の陰謀』なる本を出版させた評論家の青地《あおち》晨《しん》立会いのもとでね。緒方は最初、一般向けの詫状で勘弁してくれというから、だめだ、活字にしなきゃいやだといった。どうやって活字にするというから、おれが書くといって、青地晨のところでこういうふうに書く、これでいいだろうといって、わたしの連載コラムに載せたわけですよ。活字には活字で対抗したとかいって、評価する人は評価してくれて、社内的にはそれでおさまった」

『権力の陰謀』の刊行を斡旋したのは青地かもしれないが、発行したのは青地ではない。徳間である。しかし、渡邉はここで徳間のトの字も発しない。

かつては「東の岩波」「西の弘文堂」とまで言われた名門出版社があった。河上肇の『貧乏物語』などを出していたその弘文堂が経営危機に陥り、児玉が再建に乗り出す。

同社に、東大新人会時代、渡邉と共に反党分子として日本共産党東大細胞を除名された中村正光《まさみつ》がおり、同社から『派閥』を出していた渡邉の仲介で中曽根から児玉に話が持ち込まれたのである。

赤坂の料亭「金龍《きんりゅう》」で、児玉が中曽根と会い、中曽根から「若い実業家」の大橋富重を紹介された席には渡邉もいた。

そして、弘文堂の株主は次のような構成になる。

大橋富重　一三万七〇〇〇株

北海道炭礦汽船　一〇万株
東京スタヂアム　六万株
東日貿易　六万株
児玉誉士夫　四万株
中曽根康弘　二万株
渡邉恒雄　二万株

北海道炭礦汽船は児玉や河野一郎と深い関わりのあった〝政商〟萩原吉太郎《きちたろう》の会社であり、東京スタヂアムも、やはり、児玉や河野とつながっていた永田雅一《まさいち》の会社である。

東日貿易は、デヴィ夫人をインドネシアの大統領だったスカルノに世話したことで知られる久保満沙雄《まさお》の会社。久保は長嶋茂雄の後援者としても有名である。

代表には渡邉の実弟の渡邉昭男が据えられた。読売新聞社員の渡邉が社長にはなれないから、昭男はそのかわりだろう。

乗っ取った後に児玉は弘文堂から『風雲四十年の記録　悪政・銃声・乱世』を出している。装丁は川端龍子《りゅうし》。

弟を社長にして、そこから自らの本まで刊行した渡邉が、『権力の陰謀』の版元の社長である徳間のことを意識していなかったはずがない。しかし、渡邉は触れられなかった。

一九七六年にロッキード事件が発覚して児玉が逮捕され、『権力の陰謀』が出版されると、実名で書かれた中曽根や渡邉は窮地に立たされた。

『週刊朝日』はすぐに、

《これが黒幕・児玉誉士夫の手口だ!!

「高官」実名入り手記『権力の陰謀』が明かすその実態》

という大特集を組んだ。

大下は前掲書で、読売新聞社会部の若手記者の発言を引いている。

「ロッキードの取材で児玉について取材に行くと、たびたびいわれるんですよ。

『わたしなんかに聞くよりは、おたくのアノひとにお聞きになってはどうですか。アノひとが、誰よりも一番児玉について知っていますよ』

まるで取材にならないので、社会部として、一度渡邉政治部長(当時)に事情を聞く会をもうけようか、という声もあがったほどです。しかもロッキード事件にからみ、正力松太郎はＣＩＡだ、というような記事も出ていたので、社としてもいっそう慎重になり、結局立ち消えになってしまいました……」

前述したように、当時、渡邉は『週刊読売』にコラムを連載していたが、その中で、二度にわたって児玉との関係を弁明せざるをえなかった。

「怪物とか、黒幕といった存在も、日ごろ敬遠していたんでは、ニュースはとれない」

「取材対象には肉迫するが、主体的批判能力を失わないこと。これが、新聞記者という職業の原則である」

いま、渡邉を新聞記者と思っている人はいないだろうし、渡邉の食言を咎めても空しい気はするが、専務時代に渡邉はこんなことを言っている。

「これは先のことですけど、ポスト的には自分が社長になることもお考えになったりしますか」

大下がこう問いかけると、渡邉は、

「これだけは、誰にもいってる。社長にだけは、絶対にならない。だって、記者職としては最高なんですよ、ぼくは。これ以上の権力は、邪魔になるだけだ。これ以上の権力をもったら、お金の計算をしなきゃならなくなるしね」

渡邉は専務であると共に論説委員長だった。なおも、放言は続く。

「いまは、ぼくは論説だけ考えればいいんでしょう。記者としては、最高ですよ。論説以上に、お金のバランスシートを考えなければならなくなったら、記者としては堕落だね。社長なんてのは、営業のわかる、経理のわかる人がやったらいいんでね。ぼくは、少し若くして最高位に就きすぎちゃった。楽しみがなくなったわけだ。これ以上あがることはねぇんだから。あとはどっかで悠々自適、本でも書かしてもらいたいということですよ」

この時、渡邉は六〇歳に達していない。それから二七年経って、渡邉は読売新聞グループの代表取締役会長であり、主筆という肩書も手放していない。

私は、TBS系の「サンデーモーニング」で隣にすわっていた毎日新聞主筆の岸井成格《しげただ》が六七歳であることと比較して、老害も極まれりと批判したが、徳間はこんな渡邉に追悼の一文を寄せてもらいたくはなかっただろう。あまりに対照的な人物だからである。

## 志、雲より高く

渡邉恒雄とロッキード事件の黒幕である児玉誉士夫の関係に言及した緒方克行著『権力の陰謀』（現代史出版会）の担当編集者は、『週刊金曜日』創刊の立て役者の一人である和多田進だった。

和多田は、『権力の陰謀』をめぐる動きを語る前に、『週刊金曜日』誕生に関わる徳間康快との秘話を明かす。

やはり、同誌の生みの親の一人である本多勝一は、最初、週刊誌よりは新聞を出したかった。それで、著者と編集者という関係で知り合った和多田に相談する。

和多田はすでに現代史出版会をやめていたが、その後も出入りしていた徳間に話を持ちかけ、徳間と本多の会談をセットした。和多田の記憶によれば、ホテルオークラの「山里」で会ったという。

和多田の目算では、日刊新聞を出すには三〇億円必要だった。それで徳間を巻き込もうとしたのだが、一時はクオリティ・ペーパー（高級紙）を出すことに意欲的だった徳間も、結局は断念する。『東京タイムズ』を廃刊させたばかりだったこともネックになっただろう。

その結果、本多と和多田は新聞を諦め、週刊誌の創刊に踏み切った。

この一件に象徴されるように、徳間はこうした試みの、ある種の駆け込み寺だった。徳間なら相談に乗ってくれるのではないか、何とかしてくれるのではないかと、さまざまな企画が持ち込まれたのである。

徳間が、色と欲の『アサヒ芸能』とは別の社会派的出版をという目論みで創設した現代史出版会は編集長が元中央公論社の橋本進で、編集部員に和多田や小林康歆《やすはる》がいた。

小林は私にとって久《く》野収《のおさむ》門下の兄弟子である。その小林が現代史出版会について、

「ヤンチャな集団でしたよ」

と語る。鎌田慧の『自動車絶望工場』などを出すのだから、どういうヤンチャさかはわかるだろう。もちろん、それを許すヤンチャさが社長の徳間にこそあったのである。

『自動車絶望工場』は最初の題名が『トヨタ絶望工場』だった。その新聞広告を出そ

うとして電通から横槍が入り、『自動車絶望工場』と改められる。それにしても、一九七四年の時点でのトヨタ批判である。往年の読売新聞社会部記者としてのスピリットか、徳間は出版人として腹をくっていたと言える。

徳間書店本体とは別のビルに入っていた現代史出版会に時折り徳間はフラッと顔を見せ、暑い時にはワイシャツまで脱いで談笑した。そのころを懐かしむように小林は、

「そんな社長はいないよ」

と目を細める。

押しつけがましいところのまったくない徳間康快は豪快であると同時に爽快だった。

一九七三年には『くらしの中の男二人』という小田実《まこと》と深沢七郎の対談も出ているが、これを担当した小林は、同年の三月一二日の日記に、箱根湯本の「河鹿荘」でやったその対談に徳間も来た、とメモしている。

一九六〇年に深沢の『風流夢譚《ふうりゅうむたん》』が『中央公論』に掲載され、それが皇室を揶揄《やゆ》するものだとして中央公論社の社長宅が右翼に襲われた。流血の惨事となって死者まで

出たが、逃げまわる深沢を密かに徳間がかくまったと言われる。混乱していたこともあって、中央公論は深沢に対し何もできなかった。この事件の後、同社をやめた京谷《きょうや》秀夫《ひでお》はそれを悔しがる。ちなみに、のちに『一九六一年冬「風流夢譚」事件』（平凡社ライブラリー）を書いた京谷は、渡邉恒雄が中央公論社を受けて落ちた時、唯一人、入社した人である。それを傷として渡邉は、後年、中央公論社を支配下に置くこととなる。

因縁と言えば、徳間はやはり、同事件で同社をやめた橋本進のことを社長の嶋中鵬《しまなかほう》二《じ》に頼まれ、橋本を編集長に据えて現代史出版会をスタートさせた。そこが出した『権力の陰謀』が渡邉を狼狽させることになったのである。

和多田が語る。

「青地晨さんと宇都宮徳馬さんが間に入ってきて、渡邉と手打ちしてしまったんですよ」

緒方の原稿を持ち込んできたのも青地だった。朴正熙《パクチヨンヒ》の独裁に抵抗する韓国の民主化闘争を支援していた良識派ジャーナリストである。その縁で金大中《キムデジユン》と親しい宇都宮と青地は近かった。多分、渡邉は自分の結婚の仲人である宇都宮に泣きついたのだろう。

当時、読売新聞の政治部長だった渡邉は、社内政治上、児玉誉士夫との関係は薄いと表明する必要があった。

著者の緒方と、担当編集者の和多田の抵抗にもかかわらず、青地の斡旋で緒方は「詫び状」を取られ、渡邉は『週刊読売』に連載中のコラムに、次のそれをそのまま引いた。

「新聞記者としての立場上、いわれるように世間一般が、私の書いた真意以上のことを勝手に想像し、お二人（渡邉と氏家）に迷惑がかかっているのであれば、誤解を与えるような表現があったことについては、遺憾であることを申しておきます」

この「遺憾表明」と共に青地の談話も載った。

「考えてみれば、渡邉、氏家両記者の問題は、ロッキード問題の本筋ではなく、関係ない問題です。緒方氏は、渡邉、氏家両氏に感謝こそすれ、悪感情を持っておらず、両記者が金銭問題にからんで支持したものではなかったといっている」

どこがどう違うというのではない。すべてウソだと言うなら訴えればよかったのである。しかし、渡邉や氏家はそれはできなかった。訴訟となれば、版元の社長をはずすことはできないが、徳間を相手にそれはできなかったのである。

では、なぜ、青地は「手打ち」に応じたのか。渡邉が青地と宇都宮に、それまで朴正熙寄りだった読売の報道を改めると約束したからだったが、その約束は結局果たされなかった。そして、『権力の陰謀』は増刷されないことになる。

宇都宮と青地は渡邉にだまされたわけだが、私が渡邉と対談して、直かに聞いた唖然とする話がある。

「今日始めて明かすんだけど」

と言って、自分の婚約破棄の逸話を披露したのである。

「実はいまの女房と結婚する前に僕には惚れた女がいた。山本富士子がミス日本になった時のミス静岡なんだけど、その娘《こ》と婚約してね。その仲人をしてもらおうと、熱海にいた石橋湛山《たんざん》に頼みに行ったんだ。石橋さんの選挙区は静岡だったからね。それで湛山から、仲人をしてもらう約束を取り付けたんだ」

ところが、現在の妻と出会ってしまい、ミス静岡との婚約を解消したという。

それで湛山の仲人もなしになり、「相手が替わっちゃった」仲人は、東大新人会以来の知り合いの宇都宮に頼むことになった。

湛山には直接言いにくかったので、

「宇都宮さん、あんたからうまく言っておいてくれ」

と渡邉は下駄を預けたというのである。

有力政治家と会うと、いきなり、相手の股間にあるものを握って、

「ここはまだ立つのか」

とやったりするという渡邉の下品さは際立っている。

そんな渡邉とは対照的な徳間を、前掲の小林は、

「初対面の時も、初めて会ったという感じがしなかった。前から知っていたような印象を与えられましたね。息苦しさをまったく感じさせないんですよ。気取りませんしね」

と回想する。

現代史出版会は、本体の徳間書店とは違って月給も安かったが、一九八四年に赤字ではないのに住友銀行の意向で解散せざるをえなくなった時、小林たちに破格の退職金を出した。

一二年勤めた小林に五〇〇〇万円である。そのころ、朝日新聞を一七年勤めてやめた

小林の友人の退職金が二〇〇万円ほどだった。

自分の力不足ですまんという感じだった、と小林は語る。

自分の出したい本、めざすものを出している現代史出版会を整理することが無念だという徳間の思いが、その退職金に表れているのかもしれない。

作家の森村誠一が『徳間康快追悼集』に徳間との出会いを書いている。

訃報《ふほう》を聞く少し前だったという。

徳間から声をかけられて東京会館で食事をした。個室で森村を待っていた徳間は、

「森村さん、なにが食べたいか」

と明るく問いかけた。

せっかく個室を用意してくれたのにカレーを注文するのは悪いかなと思ったが、東京会館のカレーが好物だった森村は、カレーが食べたい、と答えた。

すると徳間は間髪を入れず、

「おれもカレーが食いたかったんだ」

と破顔したという。

森村が徳間と初めて会ったのは銀座のクラブ「数寄屋橋」だった。

作家としてデビューしたばかりだった森村が文壇バーとして知られる同店に、おずおずといった感じで入って行くと、徳間が一人でいて、声をかけてくれた。

森村にとっては大出版社の社長である。固くなっている森村に、しかし、徳間はあたかも「十年来の友人のように気さくに語りかけてくれた」という。

後年、『悪魔の飽食』で凄まじい攻撃を受けても怯《ひる》まなかった森村の硬骨を徳間は感じとっていたのかもしれない。

徳間は「志、雲より高く」という言葉が好きだった。徳間のお別れ会の帰り道、東京の空はその言葉のように真っ赤な残照に染まっていた、と森村は追悼文を結んでいる。

## 鈴木東民への傾倒

徳間康快の鈴木東民《とうみん》への傾倒を示唆してくれたのは、徳間書店の宣伝部長で徳間の信任が篤かった和田豊だった。

和田は、徳間が読売新聞に入ったのは鈴木の知遇を得ていたからではないか、とまで言う。しかし、残念ながら、その点は追跡できなかった。

徳間の父親の長治郎は新潟県に生まれ、農業に見切りをつけて神奈川県の横須賀に移り、床屋をやっていたといわれる。母はセイである。逗子開成中学から早稲田大学商学部に進んだが、家計が苦しかったため、『横須賀日日』という地元の新聞でアルバイト記者をやった。月給一二円。

編集局は局長の他に金達寿《キムダルス》と徳間だけ。

「毎日、馬に食わすマグサほど、大量の原稿を書かねば紙面が埋まらなかった」

と後に徳間は回想している。一九二一年生まれの徳間より二歳年上の金は後年、作家となり、『玄海灘』や『太白山脈』を著わした。

鈴木東民については鎌田慧の『反骨』（講談社文庫）という評伝があるが、一九七九年一二月一四日に八四歳で亡くなった東民の死亡記事が同日の『朝日新聞』の夕刊に次のように載っている。

「鈴木東民（すずき・とうみん＝元釜石市長）十四日午前一時四分、脳いっ血のため、東京都新宿区中落合の聖母病院で死去、八十四歳。告別式は、ウィーン在住の長女マリオンさんの帰国を待って、来年三月に出身地の岩手県釜石市唐丹《とうに》町字川目の盛岩寺で。喪主は妻ゲルトルートさん。自宅は新宿区新小川町二ノ一〇。

大正十二年大阪朝日新聞に入り、日本電報通信社特派員を経て、読売新聞外報部長、論説委員、編集局長を歴任。この間、日本軍閥の侵略戦争に反対するとともに反ナチの論陣をはり、戦後、新聞界をにぎわした読売争議を闘争委員長として指導した。その後、自由懇話会理事長や民主主義擁護同盟常任委員をつとめ、三十年五月、釜石市長に当選、四十二年まで三期在職した。著書に『ナチスの国を見る』ほか」

読売争議での輝ける闘争委員長としての姿は知られているが、後年、釜石市長となって新日本製鉄に抵抗し、追放されたことなどはほとんど埋もれている。

いずれにせよ、その屈せざる精神が徳間に与えた影響は大きいのではないか、と前掲の和田は言うのである。

鎌田は『反骨』に、徳間が『週刊新潮』の一九八〇年一月三日号に寄せた東民についての次のコメントを引いている。

「復員服とモンペばかりの社内で、長身をダブルの背広で飾り、パイプをくわえて大股《また》でのし歩いていた姿をまだよく覚えていますよ」

東民はマスクも彫りが深くて日本人離れしていた。人呼んで「輸出向の顔」などという評もあった。

その東民が、渡邉恒雄にかかれば、こう批判されてしまう。

一九八四年六月、大下英治の質問に渡邉は次のように答えているのである。

「昔をいえば、社主の正力松太郎さんの独裁時代はあったでしょうし、労組委員長の鈴木東民の独裁時代があったでしょう。当時、社長馬場恒吾《つねご》の書く社説に鈴木が赤字を入れてたんですから、そういう共産党支配の時代があったんですからね」

同じように共産党を離れた者でも、徳間と渡邉はその後の進路が正反対だった。渡邉にとって東民はとんでもない存在だったが、徳間にとっては、終生、敬愛すべき対象だった。

鎌田の『反骨』と、正力松太郎を描いた佐野眞一の『巨怪伝』（文藝春秋）などに拠りながら、しばらく、東民の生涯を追ってみよう。

一八九五年六月二五日に生まれた東民は、一九一〇年に「大逆事件」が発覚した時、一四歳だった。これが自らの抵抗の精神を具象化するものとなった、と後年次のように回想している。ちなみに、三歳下が朝日新聞記者から政治家に転じた河野一郎である。

「わたしが中学二、三年のころ、幸徳秋水《こうとくしゅうすい》らの『大逆事件』が起こった。この事件はわたしの思想に強い影響を与えた。わたしは幸徳が無実で殺されたものと信じた。かれの弁護に立った弁護士で、文芸評論家として著名であった平出修《ひらいでしゅう》に、わたしはこの事件以来深く傾倒した。この事件の起こった翌年、遠野から仙台の中学に転じたわたしは、『禁断の書』とされた幸徳秋水の著書を求めて古本屋をあさり歩いた。幸徳秋水の師であった中江兆民の著書『一年有半』『続一年有半』などを熟読し、その人物と思想に強くひかれた。

わたしが社会主義というものを知り、それを自分の思想の道標とし、生涯の伴侶と思いさだめるに至った契機は『大逆事件』であったと思う。そのころから高等学校を終わるまでの間が、わたしの生涯で最も読書に熱中した時期であった。それは極度の貧困にさいなまれた、さんたんたる生活の時期でもあったが……」

鈴木東民

ちなみに鎌田は、大逆事件が始まったのは一九一〇年五月だから、ここでは「転校した翌月」と書くべきで、誤植かもしれないと注釈をつけている。

でっちあげで国家に殺された群像の一人、成石平四郎《なるいしへいしろう》の妻宛ての〝遺書〟を田中伸尚《のぶまさ》の『大逆事件』(岩波書店)から引いておこう。

「此手紙着く頃は最早我等の死刑なることを知って居るであろうとおもう。今に成ってからは何とも申しません。おとなしく死につくまでのことです。(中略)死刑の宣告をうけたが、まだまだ死ぬまでにはいくらかひまがあるから、もし僕にそうだんがあるなら言って来てもよいが、あとあとのことはすべて思うようにす可し。どのようにしても不足はない。必ずしも後家を立てることもありません。よき縁があったらかたづいてくれ。(イチ子)は自分でそだてようと思えば育てようし、貰い人があれば他所へやってもよい。外の人の家内や親戚はそれぞれであいにくるようですが、そのもとには決して面会などにはきてならん。これはかたく言っておく。もしあいに来ても僕は面会しません。このてがみを見たからとて、性(正)体をうしなうことのなきようにす可し。人間は一度は必ず死ぬのじゃほどに、あまりなげくことはいらぬ。僕は一足先へ行って極楽で蓮の花の半座をふみわけて待っているから、そのもとも此世では出来るだけよきことをして地獄へ踏み迷わぬように気をつける可し。とりあえず死刑になった事をしらし（せ）ます。南無阿弥陀仏」

　この時、一八八二年生まれの成石はまだ三〇歳になっていなかった。徳間康快はこれからほぼ一〇年後に生まれた。先に徳間の母親の名をセイと記したが、一九〇二年に生まれた東民の妹の名が、やはりセイである。

　そのセイが、仙台にあった旧制二高時代の兄の東民について、こう証言している。

「体操の先生に反抗して、『前へ、進め』の号令で進んでいって、『右へ、まわれ』といわれても、どんどんまっすぐ進んでいって、それで憎まれて、落第したんです。反抗して悪ふざけばかりしていたから。ふざけの精神が旺盛でね。あんまり貧乏すると、かえってユーモラスになってしまうんですね」

　ちょうど、大逆事件が発覚した一九一〇年に東民の父、太仲《たちゆう》が世を去った。享年五三。以後、名家だった鈴木家は没落して破産し、東民は、いわゆる苦学生の生活を送ることになる。

　先生たちを誹謗《ひぼう》する無礼極まりない演説をして、放校寸前まで行ったり、波高い二高生活だった。この時、東民の放言をかばったのが、漱石の『三四郎』の広田先生のモデルともいわれる粟野健次郎だという。

当時、「詩人晩翠《ばんすい》、人間竹風《ちくふう》（登張信一郎《とばりのぶいちろう》）、哲人栗野が二高の三宝」と謳われていた。晩翠は言うまでもなく土井晩翠である。

「恩師の思い出」という一文で、栗野に大感謝している東民は、その演説について、「ここに書くことが、はばかられるようなひどい内容のもの」と告白している。

それを弁論部で鍛えた声で披露したわけだが、では、どんな内容だったのか？

鎌田慧は、東民の葬儀の後、弔辞を集めたパンフレットの『望郷』から、東北学院大の学長をつとめた小田忠夫の回顧を引いている。

「鈴木東民さんとは、私が東北学院中学部二年の頃に知った。有沢広巳《ありさわひろみ》さんと下宿を一緒にしていたので、そこへは旧制二高の学生さんがよく遊びに来ては気焔《きえん》をあげていた。

その下宿は私の父の親戚の家であり、仙台北一番丁の東北中学校のすぐ隣にあった。東民さんは、その東北中学校出の秀才であった。

集《たか》りの友人達の中でよく革命が論ぜられていたが、東民さんを革命東民とみんなではやしていた。私が旧制二高に進学した年には有沢さんは東大経済学部に進学されたが、東民さんは留年されて二高三年であった。留年の理由は病気もあったが、何んでも教師を批判した言葉が教官の感情を害した為だったという。

その言葉は、なる程教官を怒らすに値したようだ。曰く『教師とは本を読み、子供を生産する動物なり』と演説したんだそうだ。しかも卒業学年末試験に流感で休んだとか。したがって、いい気味だといって落第させられたとか」

しかし、その「ひどさ」を粟野は許した。

生涯独身なれど、酒を愛し、猥談《わいだん》を好んだ粟野だったからか。「性を語らざるは偽善のみ」と放言した粟野はまた、「よく下調べをして教室へ出なければ、出た甲斐ないし、それほどよく調べるなら教室へ来る必要もない」と言って二高生を煙に巻いていたという。

## 大正デモクラシーの洗礼

椎名悦三郎《えつさぶろう》というユニークな政治家がいた。外務大臣時代、日米安全保障条約に関連した社会党議員の質問に、

「アメリカは日本の〝番犬〟である」

と平然と言ってのけ、むしろ、質問した議員があわてて、

「大臣、そんなこと言っていいのか」

とたしなめると、再び立ち上がった椎名は、

「あ、間違いました——」

と一呼吸おき、

「番犬さまでございます」

と答えて、議場は爆笑の渦に包まれたという。

同じ岩手の出身ということもあって、この椎名と鈴木東民は晩年まで親しかった。法政大学総長となった有沢広巳や兵庫県知事として知られる阪本勝と同じころ、椎名と鈴木は東京帝国大学を卒業している。

少し遅れて、同じく旧制二高から進んで東京帝大独法科を卒業したのが、私が学生時代の四年間を過ごした「荘内館」の寮監だった佐藤正能《まさよし》である。

そして、山形県庄内地方出身者のための学生寮だった荘内館は、場所は同じ東京の駒込に建っているが、山形県寮と合併し、現在は「やまがた育英会寮」となっている。その寮監が、やはり山形出身で徳間書店の宣伝部長を勤めた和田豊なのだから奇

縁だろう。

徳間の鈴木東民への傾倒を示唆した和田は、鎌田慧の東民伝『反骨』を読み、徳間が読売争議に於て東民と情熱的な行動を共にし、感化されたことが後の人生の仕事などへの取り組みにつながっている、と語る。

東民より六歳下の佐藤正能と触れ合って、私は佐藤が大正デモクラシーの洗礼を受けている人だと強く感じた。東民もその洗礼を受け、徳間は東民を通じて、それに洗われたと言えるのではないか。

大正デモクラシーの旗手ともいうべき思想家の吉野作造《さくぞう》は東民の「恩人」なのだが、その関わりを語る前に、私が監督先生と呼んでいた佐藤正能について、同郷の加藤紘一の後援会報に書いた人物スケッチを紹介しよう。

〈○自動式エレヴェーターが珍らしく
　用事ありげに何度も上下す
○狂いなくつり銭を出し切符出す
　自動販売機をしばし見つむる
○飲める水がいつも蛇口のところまで

来てゐることが不思議でならず
これらの歌を前にして、ひとは何を言うことができるだろうか。しかも最初の歌は先生が胆石で入院中の作品なのである。
これらの歌が巧まずして語っているように、親子二代にわたって山形県庄内地方の人材を育成した荘内館寄宿舎寮監の佐藤先生は、童児のように無邪気な好奇心と、尽きることなき野次馬精神を合わせ持った人だった。
○少年の非行を責むる声高し
思へ大人の真似ならぬなきを
と、「いまどきの若者」論をきびしくしりぞける一方で、
○十八、九は若さのさかり競ふべく
「入試地獄」などと弱音吐く勿れ
と若者をも叱咤する先生は、柔軟な精神をもった天性の教育者と言えるだろう。
一読してほほえましくなるような前の三首と、襟を正されるような後の二首とは先生の人格の中でケレン味なく統一されているのであり、先生を〝風景〟にたとえて失礼ではあるが、少しオーバーな表現を借りて言えば、その見事な統一ぶりは「造化の

天工いづれの人か筆をふるひ、詞を尽くさむ」である。

〝ほほえましき歌〟を詠む先生は、郷土力士の柏戸《かしわど》の相撲に身をのりだし、テレビのプロレスに思わず声を高くする人であり、ゲーテやヒルティを愛読するドイツ語の教師としての先生は「権べが種まきゃ、カラスがほじくる、三度に一度は追わずばなるまい」として、学生の自治と自立をまず第一に尊重する教育者だった。この二つの側面が、若者への曇りなき愛と信頼によって矛盾なく統一されているところに先生の限りない魅力がある。

最後に、ある大臣の就任談話に接して先生が詠んだ歌を引いて結びとしよう。

〇聞きたきは抱負に非ず国政の

　重きを畏《おそ》る一言なるを〉

佐藤正能の同期には三菱商事の社長となった藤野忠次郎などがいるが、佐藤はそうした道に進まず、横浜国立大学でドイツ語を教えながら、郷里の学生の面倒を見た。しかも、親子二代であり、父親の雄能《ゆうのう》については、やはり荘内館に在籍した大川周明《しゅうめい》が『佐藤雄能先生伝』を著わしている。

読売新聞を追われてから、郷里の釜石の市長になる鈴木東民にも、世評に惑わされず、自分の道は自分で決めるという同じような精神を感じるのである。それが大正デモクラシーの影響だといったら、大雑把に過ぎるかもしれない。しかし、まさに吉野作造のように、自分の信じた道を歩いた人だった。

ちなみに、前節で、東民が旧制二高を放校になるところを救った粟野健次郎という教師に触れたが、同じく二高に学んだ佐藤正能は、「詩人晩翠、人間竹風（登張信一郎）、哲人粟野が二高の三宝」と謳われた三人の中の「登張竹風先生」の思い出をこう記している。

「先生は有名な独和辞典の著者。二年の時に教えを仰いだ教科書はツィクラーの『ドイツ学生論』であった。青春謳歌の痛快な記述に満ちたその本を、正に青春時代の私どもに、青春謳歌の旗手のような先生が情熱をこめて講ぜられるのだから、楽しくてたまらなかった。先生の訳は一気に押し切るという風であった。あまり細々と文法的な質問をくり返すと、『そんな事では文章は味わえるものではない。文章は気で読むものだ！』と言われた。先生は如何にも深くして豊かな教養人らしい端麗な風格をそなえ、言動は悠揚駘蕩《ゆうようたいとう》たるものであった。満州（建国）大学に赴任される時、私にお書き下さった白扇の文字は『迷ふこそ浮世なれ　竹風』であった」

東民より一七歳年長の吉野作造もやはり、この二高に学んでいる。

東民の妹のセイによれば、東民は「吉野さんから毎月十五円もらっていた」という。

では、東民は吉野とどのようにして知り合ったのか？　東民自身の証言を引く。

「ぼくの先輩で政治部（大阪朝日新聞）にいたひとが、吉野先生にぼくの学費の給費運動したんですね。そして、先生と教育に熱心なひとがあって、そのひとが金をだしてくれて、その給費をもらったんですね。そんな関係で二高にいるあいだから先生との関係ができたのです」

東民は東京帝大を出るとすぐ、大阪朝日新聞に入っているから、就職の面倒もみた先輩ということだろう。

大学に入ってからの話はこうである。

「ぼくらが教わったのは政治史です。吉野先生には当時お世話になったんです。ドイツにいくことについても、もっぱら吉野先生のおかげなわけですね。先生はドイツとオーストリアに留学されて、だれについたのかはわかりませんが、オーストリアではメーデーの行進などをみてね、それが非常に先生に感銘を与えたって、有名な話ですがね」

鎌田慧は『反骨』で、さらに、東民が「民主主義の先駆者吉野作造先生」と題して書いた一文の次の一節を紹介する。

「わたくしは高等学校在学中に、ある先輩の斡旋で吉野先生を通じて某篤志家から学資の補助をうけていた。大学へ進んでからもわたくしの生活はもちろんラクではなかった。わたくしは赤門前の謄写版印刷屋の仕事をしながら大学に通っていた。その事情を知って居られた先生は、わたくしを見るたびに、『学資の方はどうしているか』と必ずたずねられたものである。そしてつねに心にかけていては、何か金になる仕事があると、それを私に世話して下さるのであった」

「金になる仕事」の一つが、『共産党宣言』の翻訳だった。

ある日、東民は吉野に呼ばれる。

「キミだからいうのだが、実は堺利彦クンから『共産党宣言』の改訳を依頼されている。幸徳、堺訳は文章が古すぎる。それで堺クンが百円もってきた。ひきうけたから、キミがそれをやりたまえ」

この翻訳は非合法出版された。

「赤門前の謄写版印刷屋」の文信社では、一歳下で、同郷でもある宮沢賢治と知り合っている。賢治は東民に、

「印刷屋のおやじは搾取することしか考えてない。からだをこわしては、元も子もなくなるから、仕事はほどほどにしておけ」

と忠告したらしい。

さて、吉野作造の思想は、モデレート過ぎて、現在、特にラディカリズムを好む向きからは、あまり、高い評価を受けていない。しかし、イデオロギー先行の思想家ではなく、闘うべきものとの闘いは辞さない実際的思想家だった。松尾尊兊《たかよし》は『わが近代日本人物誌』(岩波書店)で、それを具体的に説く。

まず、民本主義を鼓吹した。二番目に、同郷の後輩でもある鈴木文治《ぶんじ》の労働組合運動を裏方として支えただけでなく、社会民衆党結成の呼びかけ人になり、東京の購買組合(現在の生活協同組合)の理事長も務めている。三番目には朝鮮および中国に対する日本の侵略批判だが、松尾によれば、吉野は東大教授になる前、都落ちの形で中国に渡り、袁世凱《えんせいがい》の息子の家庭教師になっている。こうした体験から、吉野は、愛国心は日本人の専売特許ではなく、朝鮮人も中国人も同じように愛国心を持っているの

であり、その限りにおいては世界中の民族は平等なのだという思想を持つようになった。互いの愛国心を尊重することが民族間の友好関係の基礎であるという考えの下に積極的に発言したのである。それは決して容易なことではなかった。

## 読売争議の渦中で

読売新聞記者の経験のある萩原信一郎《しんいちろう》の『龍になった男――小説・徳間康快』(文芸社)に、入社三年目の徳間が、同期の桜井雅之に、

「徳間、お前は鈴木東民を尊敬しているのか」

と聞かれ、

「うん、尊敬している。おれは鈴木さんに賭けているんだ。社の命運を」

と答える場面がある。

「しかし、鈴木東民との関係については、それ以上触れることを避けた」と続くのだが、読売争議の渦中なのだから、避けるのは当然だろう。

徳間が読売に入ったのは一九四三年。まだ戦時中である。その直前の徳間につい

て、萩原はこう書く。

「大学入学直後から左翼運動に身を投じ、共産党員としてオルグするようになった。この頃から、読売新聞社の論説委員である鈴木東民の知遇を得た。入社時に身元引受の保証人になってくれたのも鈴木。これは人事部長以外知らない。徳間は、そのことをひたすら隠した」

入社二年前の一九四一年に治安維持法が強化され、共産党員であることは公言できない状況だった。

鎌田慧は『反骨』に鈴木東民は共産党員ではなかったと記している。しかし、弾圧する側からはほとんど同一視されていた。

戦後まもなく読売争議の闘争委員長として登場するまでの東民の軌跡を駆け足で紹介する。まず、新聞労連委員長だった菅《すが》肇《はじめ》の証言である。

「比類まれな先生の戦闘的自由主義は、血統にも由来するが、最大の思想的師父は母校・二高の大先輩で、大正デモクラシーの大先達であった吉野作造博士である。東大では、博士は法学部教授、先生は経済学部であったが、博士から物心両面の恩顧を得て、先生は卒業できたのであった。続いて先生が大阪朝日在職中、日本電報通信社から最優秀青年記者に選ばれて渡独できたのも、博士の推薦に負う所が大きかったのである」

ちなみに、日本電報通信社は電通の前身だが、現在の電通なら、東民をドイツに派遣することなどありえないだろう。

東民はベルリンでゲルトルートと再婚し、外国人ジャーナリストとしては先頭を切ってヒトラーを批判した。それは帰国後に『ナチスの国を見る』と題して刊行されたが、そのため、追われるようにドイツを去った。

そんな東民を正力松太郎は一九三五年一月一日付で読売新聞に受け入れる。

のちに正力の友人の伊藤忠兵衛（伊藤忠商事の創始者で、カナ文字論者）が正力に、

「君の社にはどうしてあんなに沢山の赤い社員がいたのか」

と尋ねると、正力は、

「俺は勤勉に、真面目に社のため働く人間はどんな思想をもっていようと構わない方針だった。赤には新聞記者として有能な者が多いから自然、赤い社員が沢山出来たのだろう」

と答えたという。

しかし、ドイツ大使館からの圧力は並大抵のものではなかった。正力は大使のオットーから昼食に呼ばれ、

「君の社の鈴木という男は怪しからん。ナチスの悪口を方々の雑誌に書きまくったり、講演して歩いている。日独関係がこんなに親密になっているのに、読売があんな男を論説委員にしておくのは困るではないか。やめさせて欲しい」

と真正面から注文をつけられた。それに対して正力は、

「鈴木は社員として真面目に働いており、何の欠点もない。折角だが、貴官の申出で社員をやめさせる事は出来ぬ」

とハネつけた。

このように太っ腹なところを見せてアカを採用していた正力は、読売争議で手痛いシッペ返しを受ける。

とは言え、正力がいなければ、東民はもっと早く、軍部等の圧力によって読売を追われていただろう。

郷里の湯田村へ帰っていた東民を、敗戦一ヵ月ほど前の七月八日、

「シキュウジョウキョウサレタシ」

の電報で呼び戻したのは片山睿《さとし》だった。同じ外報部の岩村三千夫《みちお》らと共に、読売の民主化をどう進めるかを、正力独裁の下で、密かに語らってきた同志である。

その前に「休職」とされてきた東民の復職を勝ちとらなければならない。結局、勝ちとったのだが、それについて、「わたしの復帰を拒んだのは高橋（雄財《ゆうさい》）主筆であり、許したのは正力社長であった」と断言する東民と、

「東民が復帰したために読売争議が勃発した。自分はその危険を予想して復帰に反対したのだが、高橋主筆のたっての懇請もだし難く、鈴木の復帰を許してしまった」と述懐する正力の間で、見方が真っ二つに割れている。

いずれにせよ、鈴木が復職して争議の火蓋は切られた。

『読売争議』（亜紀書房）の著者の増山太助《ますやまたすけ》は、

「なぜ、東民かといえば、彼だけが戦争について手を汚していなかったからですよ」

と語り、反ナチス、すなわち反ファシズムのペンを曲げず、外報部長をはずされ、特高の尋問を受けて論説委員も追われて休職していた東民が一転、民主主義のシンボルとなったのだ、と記している。

一〇月二三日、東民を議長に社員大会が開かれ、従業員組合を結成して、戦争を推進した正力社長以下、局長までの辞任を求めることになった。

しかし、逆に「社を騒がせた」として、東民以下五人が解雇通告を受ける。いずれも代表団の面々だった。まもなく自分も解雇される増山太助は、興奮して帰って来た東民が、局長の机の上に立ち、自分を含む五名の首切りを伝えた後、

「これから名を呼ぶ者は、戦争責任者として、いますぐこの場からたち去ってもらいたい」

と言い、編集局長、中満義親《なかみつよしちか》の名を挙げたと書く。

「異議なし」

という喚声と拍手の中を、中満は無言のまま去る。

「諸君！　われわれは要求貫徹のため闘争状態に入り、二十五日付の新聞から、われわれの手で民主主義に基づく新聞に刷新し、自主的に新聞を製作しよう。われわれは断乎として戦争責任を追及する。ひきつづき第二、第三の戦犯追及をおこなわなければならない！」

東民はこう声を張り上げた。

「生産管理」もしくは「編集管理」宣言である。この後、正力側も東民ら最高闘争委員会のメンバーを業務執行妨害、不法占拠、家宅侵入罪などで告発し、メンバーは東京地検の取り調べを受けたりしている。

押しつ押されつの攻防の中で、GHQが正力を戦犯に指定し、追放した。

正力は後釜にリベラリストの馬場恒吾を据え、東民は編集局長だけでなく、主筆、社会部長も兼務する。

しかし、これは束の間の勝利だった。

GHQの方針は一年で変わり、翌一九四六年六月二一日、約五〇〇人の武装警官が社内に乱入して、組合幹部五七人が逮捕される。馬場の要請を受けた首相の吉田茂が司法相（法相）と内相に警察力の発動を指示していたのである。

鎌田の『反骨』には、「このとき、のちに解雇される徳間康快も、青年部員としてピケを張っていた」とある。

ここに一九四六年七月一五日付の「退社ヲ命ス」という辞令がある。論説委員の長《ちよう》文連《ふみつら》を筆頭に、印刷工の宮沢靖二《やすじ》に至るまで、三一名に対して出されたものである。

その中に政経部員の増山太助などと並んで社会部員の徳間康快への辞令もある。

翌日付で日本新聞通信労働組合中央執行委員長の聴濤克巳《きくなみかつみ》名で東京地方労働委員会への提訴がなされているが、それにはこうある。

「先に鈴木東民ほか五名の不当馘首《かくしゅ》並に増山太助氏ほか十六名の不当異動により労働組合法第十一条を真向うから蹂躙《じゅうりん》した読売新聞社当局は七月十五日三度三十一名に及ぶ大量不当馘首を敢てし、またまた労働組合法第十一条を無視した、よって本組合は茲《ここ》に三度提訴する」

つまり、すでに東民らは解雇されていたのである。

この時、徳間は二四歳。東民と運命を共にした徳間にとって、東民のその後の歩みに無関心ではいられなかっただろう。

郷里に帰った東民は、一九五五年春、釜石市長選に革新無所属で立候補し、大方の予想を裏切って当選する。

「私の勝利は青年、婦人層の強い支持のたまものです。私は当選の喜びより保守、ボス的存在の強い東北に革新的芽ばえが台頭してきたことがうれしい」

東民はこう語り、橋上市場《きょうじょういちば》をつくったりする一方で、三井農林や新日本製鉄の横暴と対決した。特に後者の釜石製鉄所から出る煤塵《ばいじん》や騒音を何とかしたいと考えたのである。まだ、公害がそれほど大きな問題となっていないころだった。

危機感を抱いた自民党や新日鉄は本格的に東民を潰しにかかる。四選目で、公明党、民社党、同盟と組んだ自民党候補に敗れたのである。それでも釜石を離れず、四ヵ月後の市議選に立候補してトップ当選した。支持者にみっともないからと反対されても、立ったのである。

まさに屈せざる人だった。その東民は一九七九年一二月一四日、八四歳で亡くなったが、常に徳間は東民の抵抗を気にかけていた筈である。

第二章

# 先輩にかわいがられる

## 松本重治という先達

読売新聞を追われて失意の日を送っていた徳間を迎えたのは『民報』を創刊した国際ジャーナリスト、松本重治《しげはる》だった。松本は徳間と読売争議を通じて知り合ったといわれるが、もちろん、そこには鈴木東民が介在していただろう。

反ナチの東民より四歳下の松本は、「同盟通信社」上海支局長として、「西安事件」の大スクープを放ったジャーナリストであり、東民も強くその存在を意識して交際していた。

そして、同盟通信社の解散後、松本はかつがれて『民報』の社長となる。日本の民主化のための新聞をつくろうということだった。

國弘正雄《くにひろまさお》が聞き手を務めた松本の『昭和史への一証言』(一九八六年、毎日新聞社、のちにたちばな出版)によれば、松本は「発刊の辞」に次のような意味のことを書いたという。

「新しい日本の民主主義革命になによりも必要なのは、そういう重要な使命を自覚した新しい人間である。いま、日本はアメリカ軍に占領されているとはいえ、アメリカの直接統治ではなく、一応、日本政府に委託された形で間接統治の軍政の下に置かれているのだ。占領軍当局のいうことだから、と、何でもかんでも頭を下げて聞かなければならないのか。自分の正しいと思うことを主張してはいけないのか。そうではない。敗れたりとはいえ、いうべきことはいい、やるべきことはやらなければならない。頭をあげ、胸を張って、まっすぐに歩こうではないか」

一九四五年一二月一日に創刊された『民報』は宅配ではなく駅売りで、残念ながら、それほど続かなかった。しかし、そこに集った人はまさに多士済々。

それを松本はこう回顧している。

「九州大学の教授になった具島兼三郎《ぐしまかねさぶろう》君、社会党の論客だった佐藤昇君がいました。

また、経済同友会の山下静一君（終身幹事）もいました。経済記者で優秀でしたが、半年ほどでやめました。それから徳間書店の徳間康快君（社長）もいました。彼は社会部記者のような仕事が主でしたが、万能選手というか、いろいろなことをしていました。徳間君の奥さんも速記をやっていました。なかなかきれいな人でしたが、デモになると、一番先の列にスクラムを組むのです。徳間君も彼女について一緒に行ったと思いますがね。

近藤日出造《ひでぞう》も政治漫画を描いていました。共産党と社会党左派だけがOKといった絵を描かれるのには参りましたが……」

金澤誠著『徳間康快』（文化通信社）では、徳間は『民報』で、社会部次長、広告部長、販売部長、発送部長、経理部長、出版部長を経て常務取締役に就任した、となっている。

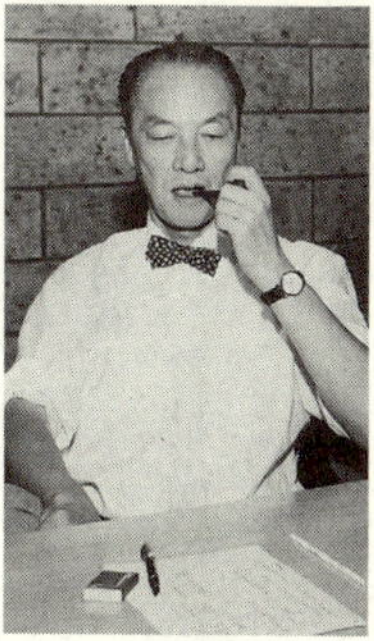
松本重治

松本は澤地久枝も大尊敬するジャーナリストであり、松本が名著『上海時代』上中下（中公文庫）を書くに際して、澤地は克明な年表を整えて助けている。

私はいまから二〇年余り前、『現代を読む　100冊のノンフィクション』（岩波新書）に『上海時代』を挙げ、こう書いた。

〈松本は常々、「日米関係の核心は中国問題である」と説き、日米関係はすなわち日中関係であるとして、その融和に終生を捧げたが、『上海時代』上中下（中公文庫）はまさに日中関係が険悪化し、戦争に至るただ中で若き日を過ごした松本の貴重なメモワールである。松本が上海で交友を深めた人には、新渡戸稲造《にとべいなぞう》等の日本人だけでなく、胡適《こてき》等の中国人、そして、エドガー・スノー、オーウェン・ラティモア等のアメリカ人がいる。新聞界から政財界、さらには軍部の要人までつきあいながら、松本は最後まで「日中平和」への希望を捨てなかったのだが、昭和十一年五月末、関東軍司令部参謀の田中隆吉は松本にこう言ったという。

「率直にいえば、君と僕とは中国人をみる観方が根本的に違う。君は中国人を人間として扱っているようだが、僕は中国人を豚だと思っている」

こうした軍人たちを相手に松本らは和平工作をやらなければならなかったのである。松本は友人の大使の次の述懐に大きく頷きながら、それでも、それを進める努力をやめなかった。

「われわれのやっていることは、あたかも賽《さい》の河原のみどり児が、一重二重と石や瓦を積み上げていくあとから、鬼がこれを打ち壊す、打ち壊されても、なお積み上げなければならんという状態だなあ」

松本は「あとがき」に、二年半がかりでこれを書いたのは「人知れず、遺言を書くような気持であった」と記している。その遺言の趣旨は「日本人は隣国人の気持をもっとよく理解して欲しい」ということであり、「東亜の一大悲劇たる日中戦争が惹き起こされた最大の原因が、当時の日本人の多くが、中国人の気持を理解し得なかったことにある」ことを痛感して、〝遺書〟を書く気になったという〉

「中国から儲けちゃいかん。日本人はさんざん悪いことをしたんだから」

徳間は口癖のようにこう言ったが、それは松本の強調したことだった。

国際派ナンバーワンの松本は、しかし、國弘が驚いたほど、「明治の侠《おとこ》だて」に惹かれていた。

「私は明治調があるのかしりませんが、侠だてがすきなんです。清水次郎長はすきですよ。私がＮＨＫの経営委員をしていたとき、浪花節も番組の中に残してほしい、といって、笑われたことがあります。外国人であっても、リベラルであっても、いい人間はみんな、侠だてを持っているんです」

損をしても義理や責任を果たす性質ともいうべきものが侠だてだろう。とすれば、それは性別を越える。侠気《おとこぎ》は女でも持っているのである。

松本が大好きだという清水次郎長には、こんな逸話がある。

あるとき、勝海舟が次郎長に、

「お前のために死ぬ子分は何人いるか？」

と尋ねた。すると次郎長は、

「一人もおりません。しかし、わっちは子分のためにいつでも死ねます」

と答えたという。

松本がこのエピソードを知っていたかどうかはわからない。けれども、徳間は好きな話なのではないか。

幡随院長兵衛《ばんずいいんちょうべえ》も好きだという松本は、吉田茂にもそうした侠気があった、と語る。

國弘が松本に、

「吉田は戦後、先生と再会されたとき、上海時代に無礼なことをしたおわびに、博徒として仁義を切りたいということをいい、それに対して松本先生ご自身も、自分にも多少、侠気があるから、そういうことなら水に流しましょうといわれたと前にお話しされましたが、吉田にそういう侠気のようなものはありましたか」

と尋ねると、松本は、

「それは大いにありましたよ。吉田は終戦前に和平工作をして、憲兵隊につかまったときでも、君たち軍人は戦争すればいいのだが、外交官は職業上平和を考えなければならないのだ、と胸を張っていいました。二〇日あまり、つかまえられていましたが、肝心のことは白状せず、結局、なんということなしに釈放されました。ああいうときに、変に転向したりしない男ですよ」

と答えている。

そして、「そういう吉田と一脈通じる侠気」を松本が持っている一例として、國弘は松本から、次の話を聞き出す。

フィリピンのマルコス政権にマークされていたラウル・S・マングラパス（マグサイサイ大統領の下で外務大臣を務めた）が来日した時、ある朝、留守宅から妻が電話をよこした。

「警察があなたをつかまえに来た。だからあなたはマニラに帰らないで、用心してアメリカに逃げるように」

そんな電話が来たとマングラパスは松本に連絡をし、マルコスが日本政府に手配して自分を捕まえさせることはないかとの恐れを伝えて来たのである。

アメリカへ発つ飛行機が出るまでに二日間あった。それで松本は、

「きょうはちょうど週末だから、政府がすぐ行動を起こすことはあるまい。ホテルで時間をつぶしていて下さい。月曜日になれば私が羽田に一緒に行きますから」

と言って安心させる。

そして月曜日、マングラパスを連れて羽田空港に行き、無事、彼をアメリカへ出発させたのである。

そのことにマングラパスは大感謝し、二度、三度と礼状を送ってきたとか。

深沢七郎をかくまった徳間といい、この松本といい、「義を見てせざるは勇なきなり」の侠だての見本のような例である。

徳間が傾倒した鈴木東民が公私にわたる恩人として挙げる吉野作造について、松本はこう語っている。

「吉野先生というのは、非常にやさしい人でしたけれども、なかなか勇気がありまし

た。右翼との立会演説なんかのときは、実に雄弁で勇敢であった、ということが逸話になっています」

また、松本は、駐米大使や国連大使、果ては外務大臣という話もあったが、すべて断り通した。

國弘によれば「俺は一生官途には就かない。一私人を貫くのだ」と言っていたという。そして、国際文化会館という一インキーパー（旅館の主人）を通したのである。加藤周一は、松本を、明治政府に何度も呼ばれながら民間に徹した福沢諭吉に擬している。

松本は一九八九年に亡くなったが、この松本の生き方も徳間に大きな影響を与えたことはまちがいないだろう。

## 真善美社専務取締役

同い年の作家、大岡昇平と埴谷《はにや》雄高《ゆたか》の対話『二つの同時代史』（岩波現代文庫）で、埴谷が、真善美社は最後の賭けで埴谷の『死霊』を大判で出したが、売れなくて同社が潰れた、と語っている。

野間宏の『暗い絵』はよく売れたけれども、他のものが売れなくて、『暗い絵』の印税の全部は払われなかったという。

それに続く埴谷の回想に徳間が出てくる。

「(『暗い絵』の印税は)半分ぐらい払ったんだけどあと払わないんだよ。払えないというのが至当だね。だんだんだめになって。ぼくも『死霊』の印税をほとんどもらっていなくて、それで花田清輝《きよてる》が、ぼくが代表になって真善美社に皆の印税をとりたてに行け、というわけだよ。ところがそのとき真善美社はもう潰れかかっていて、いまの徳間書店の社長の徳間康快が共産党の金をもって入ってきていたんだ。三十万円たしかもって入ってきたと聞いた。それでぼくは徳間に、おまえは金をもって入ってきたんだから、印税を払わなければだめだって交渉にいったんだ。ところが徳間はもって入ってきた金は全部借金でなくなりまして、払えませんというんだ。それでぼくは同情して、じゃ、徳間、しっかりやって払えるようにしてくれといって帰ってきたら、花田が、おまえは皆の印税を払えという使者になっていったはずなのに、徳間にしっかりやってくれなんて激励して帰ってくるのはけしからんと怒ったんだけれど、結局野間は印税を半分くらいしかもらえなかった。『暗い絵』は真善美社としちゃあ大ベストセラーだったんだけれどね」

「共産党の金をもって入ってきて」は、共産党員だった徳間が党の文化工作資金を持って来てということだろうか。

当時、徳間は二〇代半ば。ちょうど一まわり上の埴谷は三〇代半ばだった。花田も埴谷や大岡と同い年だが、花田は真善美社に単に著者として関わっていたわけではなかった。

同社の発行していた『真善美』は骨のあるジャーナリスト、三宅雪嶺《せつれい》が創刊した『我観』の流れを汲み、東条英機を批判して最期は自刃した中野正剛の息子、達彦が同社の社長だった。正剛は三宅の女婿でもある。

徳間は達彦と学生時代からの友人であり、その縁で専務に迎えられた。

真善美社は当時、花田清輝が編集主幹で、野間宏、中村真一郎、安部公房《こうぼう》、佐々木基一《きいち》らが編集委員として参加していた。そして、これらの若手作家たちの作品を「アプレゲール叢書」と銘打って次々と刊行したのである。

たとえば、中村の『死の影の下に』であり、野間の『暗い絵』であり、安部の『終り道の標《しる》べに』であり、花田の『復興期の精神』および『錯乱の論理』だった。

徳間は裏方として、これらの本の誕生に関わったのである。

金澤誠の『徳間康快』には、一九四八年に倒産する真善美社を回想しての徳間のこんな証言が載っている。

「印刷屋さんに追い掛け回され、紙屋さんに脅かされ、電話線は切られ、水道はひとったれも出ない。四十人近い社員がいて、労働組合には毎日いじめられた」

結局、社長の中野達彦は自宅を手放す羽目になり、徳間も家を差し押さえられて無一文になったという。

ただ、花田や野間と東大赤門前の屋台の焼き鳥屋で飲んだり、まだ東大生だった吉行淳之介と知り合ったことが財産として残った。

批評家という規定が最もふさわしいだろう花田は曲者だった。徳間にとって、花田に比べれば、のちにつきあうことになるどんな作家や評論家もむずかしくなかったのではないか。

ここに『花田清輝著作集V』（未来社）がある。「仮面と顔」および「胆大小心録」が収められているこれを開くと、ドストエーフスキーや魯迅《ろじん》、それにサルトルやガンディーを論じた中に、マリリン・モンロウをスケッチした一節がある。

そこに花田は書く。

それぞれの時代は、おのれの好みにあった「毒婦」を所有している、と。

これでは共産党に居つづけるわけにはいかなかっただろう。「つねに悪を欲し、かえって、つねに善をなす」というサルトルについての指摘など、共産党には理解不能だったはずだからである。

三島由紀夫や北一輝、あるいは太宰治らの一筆描きの中に花田清輝という節があるのにも驚かされる。花田は人を食った奴なのである。その中の自分を語っている部分を引く。

「そのころ、わたしは、(石川淳の)『普賢』の主人公と同様、糊口の資に窮すると、しばしば、インフレ論だとか、リンク制論だとかいうような経済論をでっちあげて、進藤一馬《しんとうかずま》の編集する雑誌『東大陸《とうたいりく》』に売りにいった。この『東大陸』というのは、一応、三宅雪嶺の雑誌ということになっていたが、じつは東方会の機関誌で、中野正剛の雑誌といってよかった。中野正剛は戦争中、東条英機と対立して獄にいれられ自殺してしまったので、いまではレジスタントの一人として記憶されているが、ことわるまでもなく、日本のファシズムの指おりの指導者で、当時、東方会は、組織右翼として、八方にのびひろがろうとしているときだった。したがって、東大陸社にはたえず農民組合や労働組合の連中が出入りしており、わたしなど、かくべつ、目立つような存在ではなかったのだが、事志に反して、わたしが、多少、人びとの注意をひくにいたったのは、いつもわたしの頭の上にベレ帽がのっかっていたからだろう」

花田とほぼ同年で、同じく京都大学に学び、のちに『林達夫著作集』を共に編集することになるわが師、久野収は、竹中労《ろう》について、竹中は時々、味方の横っ面を張ると言った。久野はそれを肯定的な意味で語ったが、あるいは花田評としての方が当てはまるかもしれない。久野自身が花田から、次のように「横っ面を張」られた。多分、徳間も花田のレトリックに酔ったことがあるに違いないと思うので、「胆大小心録」の中の「今様助六談義」の一節をそのまま引く。

「たとえば久野収などは、日本のマルクス主義者の評論には個性がないとかなんとかいって粟田（賢三）や古在《こざい》（由重《よししげ》）にイヤ味をいってるのはいいが、そういう当人自身が、ベルンシュタインでもいいそうな社会民主主義者のきまり文句をとうとうと述べたてていることをご存知ないのだから世話はない。なんでもこの仁の説によれば、アデナウアー、ダレス、チャーチル、李承晩《イスンマン》といった手合いは、政治の区別を敵、味方の区別に求めるカール・シュミットの政治的実存主義にもとづいて行動してるんだが、そいつが今日の現実の変化のために、つぎつぎに挫折せざるをえなくなっているのだそうだ。いったい、シュミットは、いつごろから実存主義者になったんだい。わたしは、シュミットの『政治的浪漫主義』という本はよんだことはあるが、いまだかつてシュミットの政治的実存主義なんてシロモノはきいたことがないね。

しかし、まァ、そんなことはどうでもいい。ナチス抬頭の前夜にも、きっと久野収のような社会民主主義者が、天下無敵のような気分になって、わが世の春をたのしんでいたことだろう。そこへいくと、実存主義での問題で久野にカラまれて、そういうところにいくとぼくにはよくわからない、不感症になっているのかもしれない、と答えている古在由重なんかのほうが、わたしなどには、久野なんかよりもはるかにたのもしいような気がするよ。むろん、古在というのは、たぐい稀なる石頭さ。しかし、お手々つないで野道をいけば、みんなかわいい小鳥になって……とかなんとかオトナのくせにヨダレクリみたいな歌をうたいながら、社会民主主義の一線まで後退して統一戦線をつくろうともくろんでいるインテリ諸君にくらべると、どこまでもマルクス主義者としての節をまげない古在なんかには、ちょいと戦場生き残りの古武士の風格があるじゃァないか」

桑原武夫の『雲の中を歩んではならない』に対するカラカイも痛烈である。花田はこれを、久米の仙人の自己批判かと思ったら、そうではなく、「この先生は、いっぺんだって雲の中を歩んだことなんかないらしいので、失望した」と冷やかし、「いつも下界にへばりついて、ヌルマ湯のなかに、とっぷり首までつかりながら、空をみあげて、雲ゆきばかり気にしてる先生が、『雲の中を歩んではならない』もないもんだ。カミナリさまがハラをたてるぜ」と続ける。

こうした一筋縄ではいかない花田清輝などと徳間はどうつきあったのか？

佐々木崇夫《たかお》の『三流週刊誌編集部』（バジリコ）が、その一端を伝える。この本の副題は「アサヒ芸能と徳間康快の思い出」である。

それによると、徳間は『真善美』が諸般の事情で『綜合文化』と改題されたあとの一九四八年に真善美社に専務として入社したという。

佐々木は徳間書店に入ってから、吉行淳之介の知遇を得て、よく、〝遊び〟のお伴をしたが、真善美社時代の徳間について、吉行はこう語っていたとか。

「僕なんかはヒヨッコでね、花田（清輝）とか中村（真一郎）の陰で小さくなってたものだが、徳間は臆することなく大声で渡り合っていたな。最初、野間（宏）あたりが連れてきた左翼党派の関係者ぐらいに思ってたよ。もっぱら体制批判、新聞批判を展開してたからな。ただ、文学には無関係な御仁だとは睨んでた。聞いたことがないからな、文学の『ぶ』の字も……」

佐々木は「思い描くこともできない情景」に目をパチクリさせながら、吉行の話を聞いたらしい。

## 結婚式で「浪曲子守唄」

徳間康快の眠る東京は西麻布の長谷寺《ちょうこくじ》に、徳間の命日の九月二〇日に毎年訪れて墓参をする男がいる。徳間書店ＯＢの守屋弘である。

守屋は、さまざまな菩薩像や七福神等の小型の石像が置いてある墓に手を合わせた後、持って来た酒を取り出して飲む。

守屋と私は、毎日新聞現主筆の岸井成格を含めて慶大法学部峯村光郎《みねむらてるお》ゼミの同期生

なのだが、

「酒は不謹慎だろう」

と咎めると、守屋は、徳間を知らないなといった顔つきで、

「徳間は日本バーテンダー協会の会長だったんだぞ」

と一蹴した。墓前で徳間と酒を酌み交わすという気持ちなのだろうか。

一九六七年にアサヒ芸能出版に入った守屋は、在社中は徳間に好意ばかりを持っていたわけではなかった。酔っ払って会社の便所の壁を壊し、懲戒免職寸前までいったり、まさに問題社員だった。しかし、亡くなられてはじめて、その魅力とスケールの大きさが胸に迫ってきたのである。

ちょっと並の社長とは違うな、と守屋がハートをギュッとつかまれた感じがしたのは結婚式の時だった。

『アサヒ芸能』の編集者として、新宿のゴールデン街などに入り浸り、ほとんどアルコール漬けの日々を送っていた守屋の結婚式に出て来た徳間は、あいさつで、

「守屋はこれまで獣だった」

と切り出し、

「今日から真人間になれ」

と結んだ上で、お祝いにと歌を披露した。

〽逃げた女房にゃ
　未練はないが
と始まる一節太郎の「浪曲子守唄」である。満場大爆笑。

「社長のああいうブラックユーモアがオレは好きなんだよね」

　飲尿健康法とやらを実践し、しばらく自分のオシッコを飲んでいた守屋はずいぶんと変わっている。ジャズピアニストの山下洋輔に『ピアノ弾きよじれ旅』などというエッセイを書かせた守屋は、その本の中に「サワリのヤモリ」として登場する。

　ちなみに、徳間の歌についてはナベプロ会長の渡邊美佐が『徳間康快追悼集』に、徳間は「無法松の一生」とか、「男の土俵」とか、「男っぽい侠気のある演歌」が持ち歌だ、と書いている。

　また、俳優の高倉健は、内蒙古日本映画祭でモンゴルに連れて行ってもらった時、中国側主催の夕食会の後、カラオケ大会になって、徳間の「あまりにもうまい絶唱」に仰天し、

「社長の演歌はすごいんですね」

と言ったら、徳間は、

「あれは、健ちゃん、五木くんのテープに口だけパクパクや。俺があんなに上手く歌えるかい」

と照れた、と紹介している。

口パクであるわけがない。

「この憎めない豪快さと、明るさ。いっぺんで貴方のことが好きになりました」

こう書いている高倉健は、

「聞いてもらいたい話がいっぱいありましたが、いつも傍若無人、怒濤のような社長の話ばっかり聞かされて、自分の話はなにも聞いてもらえず仕舞いでした。生きていても何も話したくない、何の話も聞いてもらいたくもない人が多い中で、亡くなられてこんなに惜しまれる、男冥利に尽きるとはこのことではないでしょうか」

と続けている。そんな高倉に、徳間は、

「健ちゃん、俺が死んだらチベットで鳥葬にして欲しい」

と頼んでいた。

高倉がロケ中に廃屋のビルの三階から二階に転落し、骨折しただけでなく、精神的にも参って悩みの底にあった時、大映を引き受けた徳間が高倉の所に何度もやって来て、

「健ちゃん、仕事はどんどんやらんといかんぞ。悩むのは後でいい」

と励ました。

「迷う暇もないモーレツな誘い」だったと高倉は振り返っているが、「悩むのは後でいい」とは、いかにも徳間らしい。

さて、ゼミナールの卒業論文に「法と国家の死滅」などを書いて、公労委会長で日本法哲学会理事長でもあった峯村光郎から、アジビラみたいなものを書くんじゃない、と手ひどく叱られた守屋は、私たちが卒業する前の年にアサヒ芸能出版が創刊特大号を出した『TOWN』に興奮し、この会社に入りたい、と思った。

巻頭に『プレイボーイ』誌編集長兼社長のH・M・ヘフナーとの会見を載せた『TOWN』は、とにかくアカ抜けていて、ラディカルだった。その一端は「文壇阿呆番付」に明らかだろう。東の横綱の中野重治に対しては「ソ連への磯のあわびの片想い」。西の横綱の山岡荘八《そうはち》には「『徳川（家康）』が売れる売れるとはやされてホクソ

エんでるこの納税バカ」。東前頭三枚目の松本清張は「社会派ともてはやされてちかごろは旅行案内書いているバカ」と冷笑され、西前頭三枚目の三島由紀夫は「『憂国』の志士も老いたりその証拠ノーベル賞に首ったけかな」とからかわれる。その一つ下の西四枚目は司馬遼太郎で「『坂本（龍馬）』や『織田信長』で売りつづけ商売うまいぞ上方のアホ」。西九枚目の瀬戸内晴美は「セックスとお色気ならばまかしとき年甲斐もなく露出狂バカ」。西十枚目の石原慎太郎が「秋も去りヨット遊びも出来ないしまたゾロやろう障子破りを」だから、気にする作家は気にして、徳間の雑誌には書かないし、本も出さない、とヘソを曲げただろう。

ちなみに『TOWN』の発行人は、徳間の大番頭だった山下辰巳であり、その発行元のアサヒ芸能出版と徳間書店は一九六七年秋に合併して、㈱徳間書店として再スタートを切った。

『TOWN』で、もう一つ特筆しておかなければならないのは、第二号に載った「日本一山口組の政治と犯罪」である。「堂々31頁を賭けて、1年間にわたる徹底的取材の成果を問う」たこの本格的ドキュメンタリーは「本誌特別取材部」の執筆だが、その一員の島田敬三は、のちに溝口敦というペンネームで、フリーライターとなる。

ここでは、組長の田岡一雄《たおかかずお》に対しても遠慮なく、そのマイナス面も指摘しているが、徳間書店から『田岡一雄自伝』を出すなど、徳間と山口組の間に一定のつながりがあったことは、徳間のある種の〝強み〟となっていただろう。

晩年に徳間にかわいがられた三浦光紀は、田岡一雄の息子の満が、しばしば、徳間に叱責されていたのを目撃している。

私が親しくしてもらった日本信販の創業者、山田光成《みつなり》は、財界の嫌われ者だった横井英樹を頭ごなしに怒鳴りつけるだけでなく、引き受け手のいない息子の再婚の仲人をやったりしていたが、満たちは本気で叱ってくれる人を求めていたのだと思われる。

山田と同じく、徳間はそうした場面で腰の引ける人間ではなかった。

ところで、守屋と同じ年に立教大学からアサヒ芸能出版に入ったのが、のちに『三流週刊誌編集部』を書いた佐々木崇夫である。

内定後の社長面接で佐々木は「ダブルの背広に身を包んだ」「年齢以上の貫禄が備わっていた」徳間と会う。「笑うと窪んだ目の端に皺が走るが、相手を射抜くような目は鋭く光る」徳間からはプーンとアルコールの匂いがした。こんな早い時間からと

思ったら、それを察したのか、徳間は、

「私は低血圧なので酒を補給しないとならないんだよ」

と表情を崩したが、目は笑っていなかったという。

その後、創刊したばかりの月刊誌『TOWN』についての感想を求められた。あるいは販売企画から同誌編集部への逆転も起こり得るかもしれないと思った佐々木は、はりきって、表紙はおとなしすぎるとか、誌面が泥臭いとか、並べたてた。

黙って聞いていた徳間は、

「ほかの新人諸君には好評だったけどな」

と言った後、突然声を荒らげて、息もつかさず、まくしたてた。

「君に定期刊行雑誌の何がわかるんだ。パンチがない？　コンセプト？　生意気言うんじゃない。雑誌ってのはな、生き物なんだ。編集長が種を播くが、どう育っていくか、それは読者が決めるんだ。編集長はそれを的確に読み取って、舵を操っていく。そして出来上がっていくのがその雑誌の色、つまりコンセプトなんだよ。うまく操れない編集長は無能なんだからクビ、それだけだよ。一号目をちょこっと眺めたぐらいで舌っ足らずの批判なんかするんじゃない！」

もの凄い迫力で立ち上がり、机を拳で叩きつけた徳間に、佐々木は殴られるのではと、思わず身を引いた。あまりの剣幕に人事担当者が部屋に飛び込んできたが、佐々木は震えが止まらなかった。

さすがに言い過ぎたと思ったのか、徳間はコップの水を口にした後、静かに言った。

「いいか、君はまだ入社が確定したわけじゃないんだ。そこのところをよく考えてモノを言わなきゃならない、謙虚さが足りないよ。ズケズケなんでもしゃべればいいって訳じゃないんだ。わかるだろう?」

佐々木は「うなずくのが精一杯だった」と書いている。

## 緒方竹虎との出会い

真善美社の倒産で徳間は無一文となったが、同社の社長だった中野達彦の縁で、緒方竹虎の知遇を得ることになる。

緒方は達彦の父、中野正剛の福岡の旧制修猷館《しゅうゆうかん》中学以来の友人であり、生涯の友だった。

緒方のバックアップによって、徳間は一九五〇年二月に新光印刷を設立する。還暦を過ぎていた緒方が会長となり、二八歳だった徳間が社長、真善美社とは逆に、中野達彦が専務となった。

金澤誠の『徳間康快』によれば、緒方はアメリカのリベラルなクオリティ・ペーパー『ザ・ネーション』のような新聞の発刊をめざし、そのために、まず新聞印刷専門の会社をつくって、経営を徳間たちに任せたのだという。資材や活字も、緒方の古巣の朝日新聞社の世話になっただけでなく、取引先も、緒方の顔で、参議院の緑風会が出していた機関紙『緑風時報』や三鬼《みき》陽之助《ようのすけ》の『日刊東洋経済』の印刷を請け負ったりした。

三好徹の『評伝緒方竹虎』(岩波現代文庫)に、徳間が次のような形で登場する。緒方が衆議院選に立候補する準備を進め、「東京では(一九五二年)七月末に資生堂ビルの中に事務所を開き、中野正剛三男の達彦を秘書にしていた」に続く次の場面である。

「中野は陸軍から復員後、真善美社という出版社を経営したが、武士の商法に似てうまくいかず、緒方のかわいがった徳間康快の会社で役員になっており、七月一日に緒方の仲人で結婚したばかりだった」

　ちなみに、緒方の仲人は、郷党の先輩だった右翼の総帥、頭山満《とうやまみつる》である。しかし、緒方は頭山の無私の人格を尊敬していたが、その思想に共鳴していたわけではなかった。中野正剛に対してもそうで、緒方は中野に、

「会って話をするときは、お互いに共通の趣味である乗馬の話に限定しよう。さもないと喧嘩になってしまう」

と言っていたという。とは言え、節目節目で切っても切れない間柄になった。

「問答有用」という評判の連載対談で緒方と会った徳川夢声《むせい》は緒方を「一言にしていうと、九州男児がイギリス風のものを身につけてる感じ」と評している。

緒方竹虎

　自らも新聞記者の生活を体験した三好徹は前記の評伝で「緒方には、三十五年間の新聞生活で、骨の髄まで沁みこんだ何かがあった。その何かとは、官僚的なものに対する嫌悪、既成観念にとらわれない発想、さらには言論の暢達《ちょうたつ》がすべてに優先するとい

う認識などであり、それは吉田（茂）にはないものであった」と書いているが、その「骨の髄まで沁みこんだ何か」は中野正剛と共有したものであり、徳間にも受け継がれたものであった。

東条英機と対立して逮捕され、中野が自決して果てた時、それを聞いた緒方は、東条に殺されたな、と思い、中野宅に急行した。

特高と憲兵で固められて、多くの者が追い返されている中を緒方は通る。

「中野君の遺骸は細君の位牌の安置してある部屋に、その時すでに前田友助《ともすけ》博士の一応の手当が済んで安らかに横たえられていたが、閾《しきい》寄りの畳に残る血糊の痕、自刃に臨み脚の悪い中野君が身を支えたと思われる安楽椅子の斑々たる手形、凄愴の気、面を撲《う》つ。私は遺骸に訣別しながら激憤と嗚咽《おえつ》を如何ともし得なかった」

これが葬儀委員長を務めた緒方の述懐である。厚かましくも、中野の葬儀の前に、内閣書記官長だった星野直樹から緒方に、

「東条首相の供物を受けてもらえるか」

という人を介しての打診があった。

「死んでしまえば恩讐《おんしゅう》共にない。厚意ある供物ならばどなたのでも受けるが、あらか

じめ受けるかどうかを聞くなんて、おかしいじゃないか」

と緒方は答えた。遺族のことなどを考えれば精一杯の拒否である。さすがに東条からの供物は届けられなかった。

「良質の保守」と位置づけられる緒方は、首相を目前にして病歿《びょうぼつ》したが、首相になりながら、その急逝が惜しまれたのが、ミリタントなリベラリストの石橋湛山である。

この二人を比較して私は『湛山除名』（岩波現代文庫）にこう書いた。要約しつつ紹介する。

それぞれが担いだ吉田茂と鳩山一郎が激しく争ったこともあって、緒方と湛山は常にライバルの関係に位置したが、戦争中は共にジャーナリストとして反東条（英機）の論陣を張りながら、その文章、文体において、根本的に違うところがあった。

保守合同の必要を論じた「爛頭《らんとう》の急務」に象徴されるように、緒方の文章が美文調であるのに対し、湛山の筆鋒《ひっぽう》には自ら酔うような調子は感じられない。あくまでも冷静に鋭く対象を突く剣のような感じである。それは当然、何を書くかにも影響を与える。あるいは、どんなことは書かないかをも左右するのである。文体がテーマを決め、テーマが文体を決める。

たとえば、緒方のペンでは「元号を廃止すべし」とは書けない。湛山はこれを一九四六年一月一二日号の『東洋経済新報』に書いた。小論でもあり、「靖国神社廃止の議」と並ぶ湛山の重要なコラムだと思うので、そのまま次に引く。

「尾崎行雄氏が先頃島田衆議院議長に提出した意見書なるものを見るに、中に改元の一項がある。今回の降伏は神武建国以来の最大凶事だから、全国民をして一人残らず之れを認識反省悔悟せしめる為め、此の際昭和の年号を廃し、本年を以て新日本の元年とし、将来長く之れを継続せしめよと云うのである。蓋《けだ》し翁の意見に依れば、例えば本年を新日本元年とするならば爾後《じご》は改元せず、永久に右の元号を継続するのである。践祚《せんそ》の後元号を建て一世の間に再び改めずとする皇室典範の規定は勿論茲に改めざるを得ない。若《も》し然《そ》うなら記者は旧くから其の必要を痛感していた事だが、此の際更に一歩を進めて、元号廃止、西紀使用を主張したい。

元来我が国に於て初めて元号を建てたのは大化の革新の際であるが、勿論支那《ママ》の制度の模倣であった。而《し》かも其の後も年号を定められない天皇は幾方かあり、大化革新の指導者であった天智《てんじ》天皇も其の一人であった。歴代必ず年号を建てるに至ったのは文武《もんむ》天皇の大宝元年（西紀七〇一）以来だと称せられる。

然るに此の支那《ママ》伝来の制度の為めに常に我が国民は何《ど》れ程の不便を嘗《な》めているか。早い話が大宝元年と云うても、西紀の記入でもなければ、何人も直ぐに何時頃の事か解るまい。況《いわん》や欧米との交通の繁しい今日、国内限りの大正昭和等の年次と西暦とを不断に併用しなければならない煩しさは馬鹿馬鹿しき限りだ。改元を主張する尾崎翁は未だ旧日本の因習に囚われたりと言わねばならぬ」

結婚の仲人が頭山満だった緒方に「元号廃止」という考えはなかったかもしれない。ただ、鹿嶋海馬《かしまかいま》の緒方伝『心外無刀』（みき書房）によれば、戦争中に朝日新聞のトップとして右翼と対決した緒方は、そのとき、頭山との関係を一度も口にしなかったという。「頭山の人柄を尊敬しただけで、その思想については同意したことはなかったから」である。

緒方と、無二の親友だった中野正剛を比較して、古島一雄《こじまかずお》は「僕は、中野も緒方も、小さいころから知っている。中野は若いときから文才があって、英気煥発《かんぱつ》で九州男児の典型だった。緒方は、反対に奥ゆかしいところがあって、名玉が埋もれていればその山が光るように見える。それが緒方である」と書いているが、それでも、その文章は中野に似ている。湛山の文章と比較する時、それは一層はっきりするのである。

緒方は若い記者たちを連れて、よく新橋の料亭などに出かけたらしい。そして、口癖のように、

「みんな、言っておくが、ケチな遊びをするな。ケチな遊びは一番人間の品格にかかわる。芸者はカネで商売している身だ。一〇円やらなきゃならんところは二〇円やれ。それを五円やるからいやがられて見下げられるんだ。遊ぶにも堂々と遊べ」

と言ったというが、あるいは、この遊びが湛山との一番の違いかもしれない。湛山は宴席に妻の梅子を連れて行くことも少なくなかった。

ところで、一九五五年一一月一五日、保守合同によって自由民主党が結成され、統一社会党とのいわゆる五五年体制がスタートするが、緒方は自民党の総裁代行委員に指名された後、体調を崩し、明けて五六年の一月二八日、その六七年の生涯を閉じる。病身の首相、鳩山一郎の引退は確実だったし、後継の一番手が緒方であることも自他共に認めるところだった。その矢先の死である。

異例にも、イギリスの『ロンドン・タイムズ』が一月三〇日付で次のように報じた。

「彼の死は対立の主因を除去したという意味で保守戦線を強化したが、政府により大きなまとまりと、これまで欠けていた方向とを与えるものと期待されていた政治家を

失ったという点で、与党を弱体化することとなった」

また、一月三一日の衆議院本会議で、追悼演説は同じ選挙区の反対党議員がするというそれまでの慣例を破って、社会党委員長の鈴木茂三郎《もさぶろう》が演壇に登った。

「緒方君は、まことに重厚なご性格でありまして、事に当っては熟慮遠謀、常に自己の信念に従って、その正しいと信ずる道を堂々と歩むというお人柄でありました。人としてまことに立派であったばかりでなく、識見もはなはだ高く、当然、政権を担当して、日本の運命を担うべき一人として、内外に絶大の信頼を得ておられたのであります」

時に徳間は三四歳。父とも慕った緒方を突然失ったのである。

## 忘れ得ぬ先輩

『評伝緒方竹虎』の著者、三好徹が『徳間康快追悼集』に「忘れ得ぬ先輩」という一文を寄せている。三好は読売新聞の徳間の後輩なのである。それで、同じく読売出身の作家、菊村到《いたる》、佐野洋《よう》と共に、ある時、徳間に招待されたという。『問題小説』が創刊された翌年だったというから、一九六八年ごろだろう。柳橋の料亭で忘年会という名目だった。

徳間は約三時間、「あの豪快な語り口で」読売時代のことを話した。

三好によれば、徳間は占領下のレッドパージで追放された。本当はパージの対象ではなかったのだが、似ている名前の人と間違えられたのである。まもなくそれがわかって復社できることになっても、徳間は戻らなかった。

「パージされる覚えはないのにパージになった。何かの間違いじゃないか、と一応はいったんだが、間違いじゃない、といわれて追い出された。だから、いまさら何だという感じもあったし、決心して新しい道を進みはじめた以上、そんなことで気持を変えるものか、と自分に言い聞かせたんだよ」

この席で徳間は「宙に眼を据えて」こう言ったという。

「要するに、自分の歩む道は自分で拓く、というのが徳間さんの人生の指針だったと思う」と三好は書いている。

この忘年会が終って帰る時のおみやげが凄かった。ふろしきに包まれたそれは高さ一メートルくらいあり、各地の名産品が山のように詰め込まれていた。

「ちゃんと持って帰ってくれよ。奥さんが喜ぶから」

徳間の高笑いと共に三好たちは送り出された。

三好は緒方竹虎伝を『世界』に連載していた時、徳間に話を聞きに行ったことがある。

徳間が、不遇時代の緒方や、その親友だった中野正剛の遺族の世話をしていたことを耳にしたからだった。

「世話したなんて、そんな大げさなことじゃないんだよ。おれの関係会社に在籍してもらって給料を払っていただけのことさ」

徳間はこう言い、緒方とのつながりを詳しく尋ねる三好の質問には答えず、逆に、どうしてわかったのか、と問い返したという。

三好は「忘れ得ぬ先輩」である徳間の追悼文を、この後、次のように結ぶ。

「徳間さんは幅広い人脈を持っていたが、それをひけらかすことはしなかった。

その人脈は自分の事業のために築き上げたものだ、と見る人もいるようだが、わたしはそうは思わない。徳間さんが事業に大きな夢を持っていたことは確かだが、人脈はあくまでも情の厚い性格からひとりでに出来上ったものであり、事業のための布石というケチなものではなかったろう。

あの元気のいい声や人なつこい笑顔、仕事の話をするときの目の輝き、若輩の言葉に耳を傾けてくれたおおらかさ、本当に忘れ得ぬ先輩の一人であった。合掌」

三好がその評伝を書いた緒方竹虎は朝日新聞の主筆から政治家に転じ、吉田茂内閣の官房長官を務めている。

官房長官として多忙を極める中で、緒方は一九五二年一二月号の『新聞ラジオ読本』に「一老兵の切なる願い」を寄稿した。

「私は昨今でも時々、新聞が太平洋戦争を防ぎ得なかったかを考えてみることがある。この自問に対する私の自答は、日本の大新聞がある早い時機に軍を中心とする国内情勢を洞察し、本当に決意して破局を防ぐことに努力したら、恐らくは可能であったというのである。もちろんこれには言論の自由の確保されることが前提条件であり、大新聞の共同戦線を必要とする。普選以後、新聞の足並の揃わなかったのはいろんな理由があるが、各編集者間の努力の足らなかったことも事実であり、私もこの点について責を感ぜざるを得ない」

残念ながら、この「切なる願い」はいまも果たされてはいない。その後、緒方は友人だった米内光政《よないみつまさ》の伝記『一軍人の生涯』（文芸春秋新社）を書いた時も、「まえがき」に同じ悔いを記した。

「いささか私事にわたるが、筆者を誘って本書の筆を執らしめたについては、別に理由があるのである。国家総動員法を手始めに、幾多の非常時立法が次つぎに制定され、新聞の言論が完全に封鎖されて以後、筆者は米内、山本（五十六《いそろく》）の海軍により、こいねがわくば戦争を未然に防いで欲しい念願から、足繁く米内の門を叩くに至った記憶が今も新たである。

筆者は今日でも、日本の大新聞が、満洲事変直後からでも、筆を揃えて軍の無軌道を警《いまし》め、その横暴と戦っていたら、太平洋戦争はあるいは防ぎ得たのではないかと考える。それが出来なかったについては、自らをこそ鞭《むち》うつべく、固《もと》より人を責むべきではないが、当時の新聞界に実在した短見な事情が、機宜《きぎ》に『筆を揃える』ことをさせず、徒らに軍ファッショに言論統制を思わしめる誘惑と間隙とを与え、次つぎに先手を打たれたことも、今日訴えどころのない筆者の憾《うら》みである」

この緒方を、浪花節政治家の大野伴睦《ばんぼく》は「あたかも五島するめをかんでいるように、次第と味が出てくる」人物だと評している。生まれながらに、将たる器で酒席でもそれなりの風格があったとか。

〽うたはちゃっきり節

男は次郎長

このちゃっきり節や新内《しんない》は絶品で、粋人緒方の面目躍如たるものがあった。それだけに、その急逝は残念でならず、天も非情なるかなと怨めしかったという。亡くなる数週間前、伴睦は熱海ホテルで静養中だった緒方を訪ね、長時間語り合った。

「このときの緒方君の話の中で、最も印象深かったのは、アジア政策に関することだった。なかでも、中国問題については、毛沢東、周恩来の政治思想は断じて承認できないにしても、いつまでもこのままの状態(国交断絶の戦争状態)で放置するわけにもいかない。また、蔣介石《しょうかいせき》の敗戦日本に対する恩情は、まさに孔孟の教えそのままで、あの深い思いやりが、どんなに当時、中国にいた日本人を救ったことか。この蔣介石氏の恩義にそむくことなく、二つの中国に、これからの日本はどのように臨んだらいいか。切々と説く緒方君の面影は、いまもなお、目を閉じると彷彿とするものがある」(『大野伴睦回想録』弘文堂)

ちなみに、石橋湛山は緒方より四つ年上で、緒方と同じく保守合同の立て役者の三《み》木武吉《きぶきち》と同い年だった。伴睦は緒方より二つ年下である。

緒方については、一九三六年の「二・二六事件」の時の、青年将校への対応の逸話が忘れられない。

蔵相の高橋是清《これきよ》を殺してから朝日新聞にやって来た中橋基明《もとあき》という中尉は、社の代表を出せ、と言い、主筆だった緒方がエレベーターで下に降りて中橋と会った。中橋は右手にピストルを持っている。

緒方は、ピストルに対しては、むしろ身体を近づけた方がいいと思い、ほとんど顔がつくくらいの所に立って、名刺を出した。そして、僕が代表者のこういう者だと名乗ったのだが、そのとき若い中橋が、ひょっと目をそらしたので、これは大丈夫だな、と思った。

緒方得意の剣道でいう「面勝《おもがち》」である。剣道では、立ち会った瞬間、相手と目が合った時に、相手が目をそらしたり伏せたりすれば「勝った」という感じになる。それが「面勝」だが、緒方はこれで落ちついて、

「指示通り編集せよ、言うことを聞かなければ、ブッ殺すぞ」

という脅しにも屈することなく対応できた。

もちろん徳間は、こうした緒方の胆力を耳にし、心服していたに違いない。後年、徳間が似たような場面に遭遇した時、対応のモデルとしたとも思われるのである。

緒方の父、道平《どうへい》は息子たちに、

「お前たちは決して役人になるな」

と言ったという。

これは、孫文を支援した宮崎滔天《とうてん》兄弟の父親、長蔵《ちょうぞう》が、

「死すとも官の飯を食うなかれ」

と教えたのを連想させる。

徳間も「官の飯」は食わなかった。

緒方の生涯の友、中野正剛の「官僚専制の打破」の志も同じ精神である。

最初、東京高商（現一橋大学）に入った緒方は、あえて私立の早稲田を選んだ中野の下宿に同居し、

「将来、きみの政治資金は、ぼくが中国貿易で儲けて出してあげるよ」

と言ったという。

自ら舞台に立つよりも、スポンサーかプロデューサーになるという位置取りも、徳間は緒方から受け継いでいるかもしれない。

緒方は徳川夢声との対談「問答有用」ではこう言っている。

「新聞社ちゅうものは、やっぱり編集局の雰囲気が一番大事だと思いますね。どんな偉い編集局長、社長がおっても、市内版の最終締切りの時間まで社長や編集局長が社におれるもんじゃない。記事の判断や見出しの大きさにしても、自然に自分らの新聞の雰囲気がきめてくれるので、それを育成していくことが、新聞社の幹部の仕事だと思うんです。それ以外におえら方の仕事というものはあまりない」

一九五六年一月二八日、緒方は六七歳で亡くなった。あと二日で誕生日を迎える直前の急逝だった。二月一日に東京は築地の本願寺で行なわれた葬儀には、その死を惜しんで一万五〇〇〇人の市民が参加し、行列は銀座の三原橋付近にまで達したという。

第三章

# 頼まれ人生

## ストリート・ジャーナリズム

見飽きた顔を日々テレビ画面にさらしているビートたけしから、私は『週刊文春』の一九九一年一一月二一日号で、次のように難癖をつけられたことがある。

「文章書いて飯食っている連中の中で、経済評論家っていうのはいったいなんなのかね。佐高信というのがバブル批判で売り出し中らしいけど、『ザ・ハウス・オブ・ノムラ』を訳したとかいっても、外人の尻馬にのってやる仕事にどれだけの価値があるんだろう。所詮は評論家で、終わった結果を批判的に検討してばっかりでさ。あの程度の経済評論のどこが『批判的』なんだよ。映画評論家の力のなさとどう違うっていうの。

おまけに経済だけじゃなくて、俺についてまであれこれ言ってさ、『このドロドロしたヘドロ世界に生きるムツゴロウみたいなやつ』だって。けなしているつもりのようだけど、ヘドロの中で精一杯呼吸している生き物であることをヨシと思っているのは俺自身なんだから。

硬派ぶった意見を『アサヒ芸能』なんかに平気で書けちゃう佐高さんの感覚がわからない。やくざ記事とソープ記事とオッパイがデカイとかの記事の間に文章書いている自分のほうこそ、ヘドロの中で溺れている魚なんじゃねェのか」

これを読んで私は『噂の眞相』の「タレント文化人筆刀両断」に、浅草のフランス座というストリップ劇場で漫才をやっていたたけしが「オッパイがデカイとかの記事」を売る『アサヒ芸能』に私が「硬派ぶった意見」を言ったことをけなすとは思わなかったぜ、と反論し、「あんたはいつから、そんなにエラクなったのかい」と冷やかした。

ベストセラー・ライターになっても『アサヒ芸能』にコラムを連載しつづける佐藤優と、自分の出自を消して舞い上がった上昇志向のたけしとは、明らかに覚悟が違う。

たけしの上品ぶった放言を徳間康快が知ったら、徳間は激怒したに違いない。クオリティを志向しつつも、徳間の稼ぎ頭である『アサヒ芸能』のクォンティティ（部数）を無視できず、徳間は苦悩していたからである。

逆に、徳間はストリート・ジャーナリズムの志を失った、と批判したのは人斬りのルポライター、竹中労だった。

竹中は「ストリート・ジャーナリズムとは、網棚の上に読みすてられることをみずから潔しとする出版物」と規定する。その一つの『アサヒ芸能』編集部は一九六〇年当時、新橋烏森にあり、「木筋コンクリート二階建て、つれこみホテルを改築したオンボロの社屋」の中にあった。部員は全学連OB風に薄汚れ、何やら殺気の漂う風景だったという。

竹中が親しくした副編集長の生出寿《おいでひさし》は海軍兵学校から東大の仏文科に進み、全学連のリーダーだった「心情右翼のコミュニスト」で、労働組合結成の先頭に立っていた。赤旗をかついで、連日、安保反対のデモにも出かけていく。

他誌の度肝をぬいたのは、オートバイにまたがり、ヘルメットをかぶったセミ・ヌードの女の子の背景に一面の赤旗を配した生出のアイデアだった。

生出は、経営危機脱出のため、「ともかく売れさえすればよい」別冊をつくれ、と徳間に命じられる。その『別冊アサヒ芸能』の破格に安い原稿料をもらって、竹中は月に二〇〇枚もの原稿を書きとばす。

生出が竹中に語ったところによれば、別冊は毎号平均一〇〇万円の純益をあげたという。その才能を買って、徳間は生出を傍系のちゃんこ料理屋の経営に当たらせた。

「彼が料理飲食の道に奮迅して徳間コンツェルンの基礎が固まっていくのと反比例して、ストリート・ジャーナリズムの志は、『アサヒ芸能』から失われていった」

竹中はこう書いているが、では、エロとギャンブルとゴシップとスキャンダルに焦点を当てた『別冊アサヒ芸能』と現在の週刊誌はどう違うのか？

そう自問して竹中は「一言でいえば、パンチがちがう。エロにしてもギャンブルにしても、〝悪の愉しみ〟とでもいうべき毒がふくまれていた」と自答する。

本家の『アサヒ芸能』を含めて、公序良俗の埒外《らちがい》に〝悪の愉しみ〟を求めようとするストリート・ジャーナリズムの志が失われたのはなぜか？　竹中はこう指摘する。

「芸能特集にしても、政治・経済・社会記事にしてもしかり。暴露の底が浅く常識的視点しかなく、もっとはっきりいってしまえば体制に媚《こ》びている。これをいうならば、『中立公正』を称する新聞ジャーナリズムと、その結論において軌を一にしてオル。

〝過激派〟の肩をもてとか、無闇やたらに人のプライバシーを侵害すべしなどといっているのではない。見境いのない暴露とスキャンダリズムとは別であり、左翼ふうの言辞をろうすることかならずしも反体制を意味しない。左右を問わず権威に唾を吐きかけ、恥部を暴くことにストリート・ジャーナリズムの正義は存在し、そのことによってしか大衆の支持は得られないのだと、私はいいたいのだ」(竹中労『決定版ルポライター事始』ちくま文庫)。

そして、竹中のホーム・グラウンドだった『アサヒ芸能』の凋落《ちょうらく》がとくに激しいとして、竹中はその理由を「社長・徳間康快の公序良俗志向」に求める。

私は踏みとどまった方だと思うが、竹中は「この稿でもつい筆が弁護にわたり、故旧の人である徳間康快について斬りこみの鋭さに欠けたことは、出自のゆえと納得していただきたい」と弁明しつつ、徳間を次のように批判する。

「逆説的にいうなら、徳間には経営者の才能がありすぎたのだ。徳間コンツェルンのこんにちは、とりわけ彼の対人コネクション＝政財界オルガナイザーとしての手腕で築き上げられた。徳間と私とのつきあいはきわめて古く、敗戦直後の一九四八年、『東京民報』のアルバイト学生をやっていたころ、同紙の営業部長だった彼と会っている。一九五九年の秋『アサヒ芸能』の記事を書きはじめてからしばらくたったころ、徳間は私にこういった。

『労さん、何を書いてもよいが共産党と自民党の悪口だけは困るよ』

読売新聞をレッド・パージで追われ、左翼独立紙『東京民報』の創刊に参画した彼が、日共と浅からぬ関係にあることはとうぜん理解できた。だが、自民党の悪口もとは信じられないことであった。やがて応接室で現職の労働大臣である某と偶然かちあったりするうちに、しだいに事情がのみこめたのである」

『エライ人を斬る』などの竹中の怨筆に私は感嘆してきた者だが、「共産党と自民党の悪口だけは困る」という徳間の言葉が、本心からのものだったかは疑わしい。竹中と私では影響力に雲泥の差があるとはいえ、それから十余年後に、徳間が引き受けた『東京タイムズ』で、私がどんなに「斬人斬書」しても「待った」はかからなかったからである。

　ともあれ、内に生出、外に竹中のようなサムライを抱えて倒れなかったということは、竹中が指摘するのとは別の意味で、徳間には経営者の才能があった、と言えるだろう。

　そう思う私から見ると、『アサヒ芸能』編集部にいた佐々木崇夫の次の「即答」は言わずもがなとしか映らない。要は書く必然性があるかだろう。

「（徳間音工所属の）五木ひろしとか千昌夫にスキャンダルがあったとしても、そのスキャンダルを書くなと止めることがあると思うか」

　徳間がこう尋ねたのに、佐々木は即座に、

「書くなと言われても書きますよ」

　と答えたというのである。

　佐々木の『三流週刊誌編集部』によれば、それは労働組合の団体交渉の席だった。最初は穏やかに切り出した徳間は途中で一気にトーンを高めた。

「私がどれほどの苦労をしてアサヒ芸能を立ち上げ育ててきたか、知ってるのか。さまざまな中傷、的外れな攻撃から体を張って守ってきたことを知ってるのか。言わばあの週刊誌は私の血と汗の結晶だ。私の週刊誌だ」

「いいか、あの雑誌は私がつくったんだ。長い年月をかけて。それをなんだ？ 書くな言われても書く？ チンピラ記者が何を言うか！ 私の雑誌を守るために私が講ずる手段に対し真っ向から反対するなんてとんでもない仕儀だ！（私を指さし）お前などに私が、どうぞこの会社に来てくださいと頼んだわけじゃない！ お前が、お願いですから入れてくれと懇願したから入社させてやったんじゃないか！ いいか、間違えるな！ ここは私の会社なんだ！ 嫌ならすぐに去ってもらおう！ すぐ辞表を書け！」

拳でテーブルを叩いた徳間の激昂ぶりは凄まじかった。誰も止められない。

その迫力に押され、佐々木は、

「わかりました。すぐ書きます」

と応じた。売り言葉に買い言葉である。

組合の執行委員長があわてて、

「きょうの団交はこれまでにしたいと思います。次回の団交の日程をあとでご提示ください」

と引き取った。しかし、徳間は、

「私はこんなヤツがいる組合とは金輪際《こんりんざい》話合いをしたくない」

と追い撃ちをかける。

佐々木は辞表を出したが、取締役になった前編集長が連絡してきて、会うと、開口一番、

「社長は、ホントに辞表出したのか、と驚いてたよ。短気なヤツだと笑っていたよ」

と言った。団交の席で徳間が組合執行部の誰かに辞めろと言うのはいつものことであり、それで辞表を出したのは佐々木が初めてだというのである。次の団交の席で徳間は何事もなかったかのように佐々木に笑いかけた。

「やあ、週刊誌編集部の闘士！」

## 徳間好みの梶山季之

徳間康快好みの作家がいた。たとえば梶山季之《としゆき》であり、清水一行《いっこう》であり、大藪春彦《おおやぶはるひこ》である。もちろん、それ以外の多くの作家とも親しくつきあったが、とりわけ好きだったのはこの三人ではないか。しかし、徳間より早く亡くなったりして、三人とも

『徳間康快追悼集』には寄稿していない。

徳間書店が勧進元の大藪春彦賞については、北方謙三《きたかたけんぞう》が徳間らしい逸話を書いている。

北方によれば「賞というのは、大抵、出す側が細かいことまで決めて、ただ選考を頼まれるだけの場合がほとんど」なのに、大藪賞は信じられないぐらい大らかで、北方ら選考委員にすべて預けるという感じだった。

意見を押し通したのは賞金の額だけで、それも値切るのではなく、選考委員たちが止めるのに値上げを主張したというのだから、徳間らしい。

「既成作家の賞で、最高の賞金は？」

と尋ねる徳間に、北方たちが、

「三〇〇万というのがあり、二〇〇万もあるなあ」

と答えると、徳間は言った。

「そうか、じゃ五〇〇万だ」

賞金の意味づけは選考委員に任され、これからさらに伸びていきそうな新鋭作家に与える賞で、五〇〇万はよけいなことに煩わされず、じっくりと作品に取り組むための資金というコンセプトになった。

「それでいいんだよ」

　徳間は嬉しそうに笑った。

「ナウシカからスタジオジブリの設立へと、そこにいつも尾形さんの非常識な決断と行動力があったのです」と宮崎駿がオビに書いている『アニメージュ』創刊編集長の尾形英夫の半生記『あの旗を撃て！』で、尾形は徳間を「天性の勝負師」と称している。その独特のフィーリングというか、勘には尾形たちはついていけないことがしばしばあった。

「カネのことは心配するな。カネなら銀行にいくらでもある」

　と豪語する人だったからである。

梶山季之

　そんな徳間が、大藪と同様に、あるいは、それ以上にその死を惜しんだのは梶山季之なのではないか。
　徳間が引き受けた『アサヒ芸能』の一九六六年五月二九日号から翌年の一月二三日号まで、梶山は

『生贄《いけにえ》』という小説を連載した。梶山はそれまで、小佐野賢治《おさのけんじ》らしき人物が登場する『小説GHQ』など、さまざまなモデル小説を書いていた。

そして、〝遠い国の話〟として書いているが、イケルヴィッチやシロカネスキーなど、明らかに池田勇人や黒金泰美《くろがねやすみ》がモデルだとわかる『大統領の殺し屋』には、

「この作品は、すべて架空の物語です。しかし、もし事実の部分があるとしたら、筆者がなんらかの形で報復されることでしょう」

という皮肉な、ある意味では挑戦的な「あとがき」をつけたが、妻の梶山美那江《みなえ》の証言によれば、「不思議に問題になったことはなかった」。

ところが、その〝伝説〟は『生贄』によって破られる。

岸信介とスカルノが主役のインドネシア賠償汚職が起こったのは一九五九年だが、重要な脇役の根本七保子《なおこ》を主人公にした『生贄』は、森下商店こと木下産商からアルネシア（インドネシア）のエルランガ（スカルノ）大統領に贈られた〝生きたワイロ〟の「笹倉佐保子《さおこ》」、つまり、のちのデヴィ夫人から名誉毀損で訴えられた。

『アサヒ芸能』の連載中は何事もなく、一九六七年の三月末に単行本となって発売されるとまもなく、仮処分が申請され、『生贄』は裁判所執行官の占有に移された。た

だ、当時の担当編集者だった荒井修に尋ねると、

「それまでに一〇万部ほど出た」

という。

このとき、梶山の弁護を買って出たのが作家でもある佐賀潜《せん》だが、佐賀は、東京地方裁判所に化粧っ気なしの、うちしおれた姿で現われたデヴィ夫人を見て、

「裁判官の同情を得ようというのか。陪審制のある外国では有効な手段だけれども……」

と思った。

梶山は『生贄』の「あとがき」に、「モデル小説だとか、暴露小説だとかいう世間の声に、中途で挫折する恰好となった」と書いている。いわば「世間の声の生贄となった」というのである。

結局、裁判は、店頭に並ぶ本を回収し、以後絶版にすることを条件に示談となった。この条件をあっさり呑んだ徳間に対して、竹中労は、

「あえて〝二流〟を標榜し、アサ芸を批判精神の横溢した庶民ジャーナリズムに育て上げると謳い上げていたあの徳間はどこへいったのかねぇ。御上に簡単に白旗上げる

男だと思ってなかったよ。何があったんだ？〝生贄〟になったのは梶山だったのかもしれないね」

と嘆いたという。

たしかに、そういう批判も成り立つだろう。しかし、ロッキード事件以上の国際的な利権小説を連載させ、単行本にまで持ち込んだ徳間の器量も評価するのでなければ不公平なのではないか。

ちなみに、佐々木崇夫の前掲書によれば、スカルノに献上された「紅馬車《べにばしゃ》」のホステスとはデヴィ夫人のことではないのだが、そのホステスと混同されたと思った彼女は冗談じゃないということになったという。事実と違って小説では、生贄にされたホステスが政治家と政商に痛烈なしっぺ返しをするという展開になっている。

竹中の「あえて〝二流〟を標榜し」は、徳間が放った「二流に耐えることは、一流になるよりむずかしい」という名セリフを受けている。

あえて一流を目ざさなかったのが梶山季之だった。

こんな逸話がある。

坪内寿夫《つぼうちひさお》が奥道後に大きな温泉ホテルを建て、そのオープンに呼ばれた梶山は、前夜、柴田錬三郎、黒岩重吾と共にブラック・ジャックをやった。

梶山はそれに負けつづけ、「一流会社の部長のサラリーの半年分ぐらい」を柴錬に払うことになったが、柴錬が冗談に、

「明朝のオープン・パーティに、三〇〇〇人の招待客の前で、壇上に立ち、女の性器の名称を叫んだなら、この貸しはなしにしてやる」

と梶山に言った。

すると梶山は翌朝、関西財界人の奥方や令嬢が大勢いる中で壇上に立ち、

「私はポルノ作家の梶山季之であります。人生はオマンコと思います。おわり」

と言い放ったのである。

柴錬によれば、これを聞いて、「司会の高橋圭三は、茫然と立ったなり、この奇想天外な挨拶をとりつくろうすべを知らず」、やむなく柴錬が登壇して、梶山の叫びが「徹宵の痛飲のせいである」と謝罪しなければならなかった。

社員の結婚式で、

〽逃げた女房にゃ
と「浪曲子守唄」を歌った徳間と通うものがあるのではないか。トクザクラという

競走馬を持っていた徳間はギャンブルに血をわかせる男でもあった。

徳間にも共通する梶山のサービス精神と抵抗精神は極めてラディカルだっただけに、一九七五年に梶山が香港で客死した時は、暗殺の噂さえ流れた。『週刊文春』の同年五月二〇日号の「イーデス・ハンソン対談」で、梶山美那江が冒頭、そう語っている。

梶山は美那江に、よく、

「俺がある日突然消えたら、そういうところ（警視庁とかＣＩＡ）へ連れて行かれたと思え」

と言っていたというのである。

「梶山はすごい天邪鬼《あまのじやく》なんです。初めての同人雑誌が『天邪鬼』ですからね。ですから、国家的な統制がくれば、なにを！　っていうわけなのね。抑えるから変な形で求める。もっと大っぴらでいいんだ。そうすればなんでもないんだ。他の人が尻込みするんなら、俺がやってやろう、というところがありました」

という美那江の述懐はポルノについて言っているのだが、それにとどまることなく、梶山の「天邪鬼」はすべての統制に対して向けられた。

まさに梶山は「怖いもの知らず」だったのである。ロッキード事件が発覚したのは、残念ながら梶山の死の翌年だった。

ところで、ハンソン対談では、美那江が、

「奥さんとの間に浮気についての三つの誓約があるという有名な話がありますね。素人には手を出さない。同じ人と三回以上関係しない。相手の部屋には行かない。これホントですか」

と聞かれている。

それに対して美那江は、笑いながら、もう伝説になったから、

「ハイハイ」

と合わせていただけだと答え、さらなる質問には、子どもができるまでは、

「女も負けずにする！」

「じゃ、おれが三回したら一回していい」

とか言い合っていたと〝証言〟している。

天邪鬼精神を秘めた徳間のユーモアも記録に値するものだった。春闘たけなわのある時、某社の社長が労働組合との折衝が難航していることを話題にすると、徳間は言

った。

「ウチでもよくモメますよ。委員長が、社長、なんとかアルファをつけてくれ、と言うので、私は〝アルファ・マーガリン〟をつけて妥結しました」

バターがまだ貴重品だった時代の話である。

## 社長兼編集長

『アサヒ芸能』の創刊当時、徳間康快は編集長を兼ねていた。社長兼編集長である。一九五八年に入社した加藤博之がそのころの現場を振り返る。編集部には冷暖房設備もなく、夏はステテコ一枚で扇風機で涼をとりながら原稿を書いた。編集長の徳間のところにそれを持っていくと、徳間は、

「ご苦労さん」

と言いつつ、読みもしないで、目の前でその原稿を破った。

「ハイ、書き直し」

そう言われて、すごすごと席に戻り、また書いて行くと、やっぱり破られる。

三度目にようやく目を通し、

「新米の書いた原稿なんて、最初から読めるわけないよ」

とぼやきながら、徹底的に赤を入れる。

ほとんど原形をとどめないまでにである。

加藤は後で、悔し涙を流しつづけた。

いま、加藤は、あれが徳間流の人材育成術だったんだな、と思う。

一九七一年に加藤は同誌の編集長になるのだが、同じことを新人にやろうとしても、できなかった。

朝になると印刷所が原稿を取りに来るし、それまでにはどうしても原稿を完成させなければならない。

時間との勝負という制約がありながら、あえて原稿を破りつづけた徳間の凄さを、加藤は編集長になって改めて思った。

『アサヒ芸能新聞』から一九五六年に『週刊アサヒ芸能』に変身して急伸していた同誌は一気に誌名も改めようとしたが、「アサヒ芸能」の知名度を捨てきれなかった。

徳間はこう語っている。

「誌名改称のチャンスはその後も何度かあったが、このときが最高のチャンスだった。しかし、あの弱小集団が食っていくために、危険な冒険はできなかった。今まで多少とも知られていた誌名にこだわりすぎた。〝芸能〟をとってもっと一般的な誌名に切り替えていれば、その後の展開はもっと違ったものになっていただろう。社員の諸君も誌名に制約されずのびのびやれたと思う。私の大きなミスだった」(『徳間書店の35年』)。

とは言え、一九五九年に入って『アサヒ芸能』は四〇万部に定着し、返品も一割から二割で好調を維持していた。

ところが、東京周辺の駅売店の総括本部から、次のような通達が来て、三週間にわたる販売取扱い停止処分を受ける。

一、購買欲をそそるため特に性的表現を誇大に行うこと

二、性的描写の特にはげしいもの

三、その他青少年子女に見せられないようなもの

本主旨が指摘された場合には、不本意ながら、何等かの処置を取らざるを得ない事前通達ではなく、いきなりの停止通告だった。他誌と比べても、『アサ芸』が特

にひどいというわけではなかった。

『徳間書店の35年』によれば、「真偽のほどはわからなかったが、ある新聞社の記者が『アサヒ芸能』の異常なばかりの躍進ぶりを嫉視《しっし》して、鉄道関係の記者クラブで〝ワイセツ誌〟として販売停止を提言したのが原因だという噂が立った」という。

徳間は走りまわって、その行き過ぎを訴え、日本文藝家協会でも、おかしいと話すと、理事長だった作家の丹羽文雄が、

「それは徳間さんの言う通りや、応援せにゃいかんな」

と賛成してくれた。

お上品な新聞社系週刊誌は、下ネタも含む記事はなかなか書けない。それで、ストリート・ジャーナリズムの『アサ芸』に脅威を感じ、妨害したのかもしれない。

駅売りが停止になって、返品率は四割を越え、停止も五号まで延長されて、潰滅的打撃を受けた。

その最中に、社長兼編集長の徳間が倒れる。〝腎周囲膿瘍《のうよう》〟という奇病で、二度にわたる大手術が行なわれた。

しかし、麻酔から醒めると、すぐに社員に指示を出し、金融機関や取引先の不安を

払拭《ふっしょく》すべく、動き始める。

三週間ばかりで退院したが、今度は盲腸が悪化して再入院。手術すれば、さらに入院しなければならないので、手術を拒否し、徹底的に冷やして散らした。

慈恵医大病院の主治医が、呆れるほどの無茶を押し通して、結局、切らずに退院する。

「生命も仕事も含めて、生きるか死ぬかという経験を何度かしてきたが、あのときはそれが一緒にきて、どん底の危機だった。しかし、あれを突破したことで、私にも社員にも自信ができたように思う」

こう語る徳間は常に先頭を駆ける大将だった。

週刊誌の記事では、しばしば問題が起こる。右翼や暴力団から、怒鳴り込まれることも日常茶飯事である。

そんな時、徳間はまず、それを書いた記者を呼んで、まちがった記事ではないかどうかを聞く。そうした上で、

「君は社で待っていろ。私の出番だ」

と言って、先方の指定したところへ出向いて行く。単身である。

あまりに構えていないので、

「本当にお前が社長か」

と疑われ、

「記事を書いた当人を連れて来い」

と凄まれたこともあった。

強面《こわもて》の男たちに囲まれながら、徳間は平然として、

「私が社長だ。記者は私の社の社員で、責任はすべて私にある。だから私が話を聞きに来た。私のほうがまちがっていたら謝る。しかし、あなた方のほうがまちがっていたら、どう責任を取ってくれるのか」

と言うのが常だった。

単身、乗り込んで意表をつき、正論を吐く。度胸の要ることだが、いわばケンカ上手だった。

「私が率いている集団の責任を取るのは当然のこと。戦《いくさ》となれば先頭に立つ。長と名のつく者が部下を守るのは当たり前だ」

徳間は明快にこう語っている。

それを別の面から証言するのは徳間ジャパンの常務だった三浦光紀である。

三浦は、徳間の親しい政治家や銀行家の息子や娘が同社に入りたいと言っている、と徳間に言われ、彼らと会った。その数は累計一〇人にも及ぶ。

「面接して、使いものにならないと思ったら、断ってくれて結構だ。戦力を低下させるわけにはいかないからな。君が判断してくれ」

そうして徳間に紹介された息子たちに会ったが、結局、三浦は一人も採らなかった。

すると徳間は、

「わかった」

と言って、自分で断りに行ったという。

「イヤなことはオレがやる」

それが徳間の身についた哲学だった。

また、任せたこと、わからないことには口を出さないので、三浦はとてもやりやすかった。特に音楽について、いろいろ言われたことはない。現場を生かすという考えに徹していた。

徳間にかなり辛辣《しんらつ》な視線を向けている元社員の佐々木崇夫の前掲書でも、一九六七年に佐々木が入社する四、五年前まで、徳間が社長兼編集長として、ねじり鉢巻にステテコ姿であぐらをかき、特集ネタを選択し、台割をつくって部下の原稿に〝赤〟を入れていたと聞いたと書かれ、「正直、頭が下がる。よくやったし、やれたものだ」と称えられている。

ちなみに佐々木は立教大学の仏文科を卒業している。当時の学科長は大江健三郎が師と仰ぐ渡辺一夫だった。推薦状をもらって他の出版社も受けていたが、どうしても雑誌編集をやりたいと思い、渡辺には無断でアサヒ芸能出版を受け、最終面接まで残った。それを告白して相談しようと、渡辺の研究室のドアを叩いたら、

「アサヒ芸能⁉　あの、週刊誌のアサヒ芸能、ですか？」

と素っ頓狂な声をあげられた。それは佐々木の耳にいまも残っているという。

しかし、碩学《せきがく》の渡辺に、アサヒ芸能出版の社長、つまり徳間を知っていると言われて、今度は佐々木が度肝を抜かれた。

――『読売新聞』の記者出身で、読売争議に連座し退社。昭和二八年ごろ不偏不党を謳う『日東新聞』なる新聞を創刊したメンバーのひとり。あえなく一年足らずで休

刊となったが、私（渡辺一夫）も執筆陣の一画を占めていた。徳間康快は豪気ながら時流を読む才に富む男。その後、週刊誌を創ったことは風の便りに聴いていたが、それは新しい新聞刊行のための資金稼ぎなのではないか。彼（徳間）は本質的に出版屋ではなく新聞屋だが、慧眼《けいがん》の士。出版のジャンルでも凡百《ぼんぴゃく》の出版経営者にはない冴えた色を出すはず。グラビア月刊誌の創刊はそのワンステップで驚くにあたらない――

これが渡辺の徳間評だった。最後の「グラビア月刊誌」が『TOWN』なのだろう。

「想像もしていなかった場所、人物から得た、まだ見ぬアサヒ芸能出版株式会社社長の一面だった」と佐々木は書いている。

『日東新聞』は一九五三年春、徳間の読売時代からの友人、竹井博友によって創刊された。寄稿家には渡辺の他、中野好夫、清水幾太郎《いくたろう》、中島健蔵らが並ぶ。しかし、経営はうまく行かず、頼まれて入って副社長となっていた徳間はその残務整理に当たらなければならなかった。

## 竹内好の『中国』を支える

「私は天国をきらひます。支那《ママ》における善人どもは私は大抵きらひなので若《も》し将来にこんな人々と始終一所に居ると実に困ります」

　魯迅はある人への手紙でこう書いている。魯迅は「いわゆる聖人君子の徒輩に、少しでも多く不愉快な日を過させたいために」生きた。魯迅の翻訳者として知られる思想家の竹内好《よしみ》もそれは同じだった。

「秀才たちが何を言うか、私だってこの年まで生きていれば大方の見当はつく。たぶんそれは全部正しいにちがいないのだ。けれども正しいことが歴史を動かしたという経験は身にしみて私には一度もないのをいかんせんやだ」

　一九六三年一月一八日の日記に竹内はこう書いた。この時、竹内は五二歳。

「否定の方向からでも真理に到達できると思い込まなければ、私にはとても学問研究はやれないし、究極の目標として沈黙を設定するのでなければ、言論活動などできたものではない。私のこの癖は死ぬまで改まらぬだろう」

こう述懐した竹内は「日本文学にとって、魯迅は必要だと思う。しかしそれは、魯迅さえも不要にするために必要なので、そうでなければ魯迅をよむ意味はない」とも喝破した。

このユニークな文人の一九六三年三月五日の日記に徳間康快が出てくる。竹内がスキーで怪我をして入院中の病院を訪ねたのである。

「(みすず書房の)高橋さんの後から、アサヒ芸能の徳間社長ほか二名の社員が大きなクダモノ籠をさげてあらわれた。アサヒ芸能である出版企画があって、柿の会の連中が当ることになっている。それに私の名を貸せということで、私は考えた末に承諾した。その世話役が守屋君である。ついては社長がぜひ私に会いたい、という申し入れがあり、私は足が治ってからにしてくれないかと言ってあった。だから突然の来訪はありがた迷惑の感もあったが、話してみると徳間氏はそんな悠長な性格ではないことが納得された。そればかりでなく、彼は畢生《ひっせい》の念願である新聞経営について滔々《とうとう》と熱弁をふるい、私はその意見のほとんど全部に共鳴できたので、この会見は思いがけない愉快なものになった。お蔭で出版の方の話はそっちのけになり、夕食の膳が運ばれたので、この快男子の一行は用談をぬきにして帰っていった」

一九六〇年の日米安保反対闘争で、竹内は時の首相、岸信介に抗議し、都立大学教授を辞任したが、大きな昂まりを見せたデモの中で、「竹内ヤメルナ、岸ヤメロ」という声が渦巻いた。

日記の中に出てくる「柿の会」とは守屋洋《ひろし》ら都立大の教え子たちの会である。この時、「快男子」の徳間は四一歳。ほぼひとまわり上の竹内に臆せず熱弁をふるって愉快がられている。

それから一四年後の一九七七年三月三日、竹内は六六歳で亡くなった。その通夜の席で、遺体を前に久野収は号泣したといわれる。同じ一九一〇年生まれの竹内は、久野にとって、深く頼みとする友だった。

竹内好

その竹内と徳間は見舞いをきっかけに昵懇《じっこん》となる。そして出されたのが『中国の思想』シリーズである。『韓非子《かんぴし》』『墨子』『老子・列子』等、それなりのヒットとなった。

そして徳間は、竹内がオルガナイザーの「中国の会」の雑誌『中国』の発刊を引き受ける。この雑誌は最初、普通社の「中国新書」シリーズの別冊付録として一九六三年に出され、翌年、版元が勁草《けいそう》書房に移って、四八号まで続いたのを、徳間が引き受け、一九六七年から月刊で発行された。

その記念パーティには、丸山眞男、武田泰淳《たいじゅん》、木下順二、正木《まさき》ひろし、陳舜臣《ちんしゅんしん》らが顔をそろえ、武田が、

「徳間書店は、雑誌『中国』を引き受けるということで竹内好という諸葛孔明を得た。ますます日本文化の発展のために尽力してほしい」

と挨拶した。

当時はもちろん日中国交回復前で、この小さな雑誌が国交回復のための地ならしをした役割は決して小さくない。

編集権は「中国の会」にあり、ユニークな六ヵ条のとりきめを掲げていた。

一、民主主義に反対はしない
二、政治に口を出さない
三、真理において自他を差別しない
四、世界の大勢から説きおこさない
五、良識、公正、不偏不党を信用しない

六、日中問題を日本人の立場で考える

私はこの雑誌を購読し、毎号載る竹内のエッセイを愛読していた。

多分、徳間も六ヵ条のほとんどに賛同していただろう。緒方竹虎に熱心に誘われ、自らもかなり心動いていた政治家の夢があった故に、あるいは、二の「政治に口を出さない」には共感しなかったかもしれないが、「世界の大勢から説きおこさない」や、「良識、公正、不偏不党を信用しない」は、そのまま徳間の姿勢でもあった。

『中国』には前掲のパーティ参加者の他、鶴見俊輔、加藤周一、池田大作、郭沫若《かくまつじゃく》、宇都宮徳馬、石垣綾子ら、多彩な面々が寄稿していた。

そして、一九七二年、日中国交回復が成った年の一二月号で、使命を終えたとして休刊したのである。

〝諸葛孔明〟の竹内好は最終号にこう書いている。

「国交回復にともなって、友好または文化交流の条件が変るから、どうしても姿勢の転換が必要である。その必要にどう対処すべきか……これまでどおりやればいい、というのも一見識である。国交回復と未回復とは、いわば現象である。政府はどうあろうとも、おれはおれだ。現象に左右されることはない。一貫性を持続すればいい。そういう立場はありうると私は思う」

と言いながら、惰性を嫌う竹内は『中国』を休刊とし、竹内に「快男子」と称された徳間も、それを諒《りょう》としたのである。

徳間が、竹内だけでなく、書き手をどれだけ大事にしたか。読売新聞の後輩である佐野洋が『徳間康快追悼集』で披露している。題して「最後に徳間さんに会ったとき」。

それは一九九九年春のある日だった。佐野は日本推理作家協会の委員会に出席しながら、時間を気にしていた。

この日、佐野は徳間書店の編集者と打ち合わせをする予定で、二時から始まる委員会は四時には終わるだろうから、四時半に徳間書店を訪ねると伝えていた。

ところが、委員会が終わらない。少なくとも一時間くらいは延びそうなので、途中で編集者に電話をかけ、一時間ずらしてもらえないかと頼んだ。

「一時間ですか……」

編集者が息をのむのがわかる。そして、彼は言った。

「実は、佐野先生が見えると社長に話したところ、外出の予定を変更して、お待ちするということなんです」

　それを聞いて佐野はあわてた。

「そう……。わかった。じゃあ、これからすぐに行きます」

大きな出版社の社長が、予定を変えてまで自分を待っていてくれるというのは、佐野にとって四〇年になる作家生活で初めての経験だったという。まして、徳間は読売の大先輩なのだ。

　しかし、さらに計算が狂う。人身事故があったとかで地下鉄が遅れ、佐野が徳間書店に着いた時には五時をまわっていた。

　受付で名乗ると、すぐに編集長と担当者がやってきた。

「間に合わなかった?」

「いや、まだ社長室で待っています」

二人の案内で社長室に入ると、徳間は、

「やあ、しばらく……」

　と、あの笑顔で迎えてくれた。

　思わず、佐野は、

「ありゃあ、田中角栄みたいですね」

と言ってしまう。

ワイシャツにネクタイ姿ながら、靴下もはかず、素足に雪駄の徳間を見て、角さんを連想してしまったのである。

「何だい、佐野ちゃんもしつこいね。まだ、パーティのことを根に持っているのかい」

徳間に言われて、佐野は、

「え？　いやいや、違いますよ」

と弁解したが、首相当時の角栄が徳間書店のパーティに来て祝辞を述べたので、後で佐野が徳間に、

「出版社、ことに週刊誌を出している出版社が自社のパーティにときの総理大臣を招くのは、感心しませんね」

と苦言を呈した。それに対して徳間は、

「でもねぇ佐野ちゃん、前からの友人がお祝いにくるというのを断るわけにはいかないだろう。それに、新聞社だって、総理大臣を呼んでいるよ」

と反論した。

その時の佐野の直言が徳間の心に残っていて、まだ根に持っているのか、という反応になったのだろう。

佐野が徳間と最初に会ったのは三〇代で、

「そのぼくが、去年古稀だからね」

と嘆いたら、徳間に厳しくたしなめられた。

「年のことを話したり、年をとったなんて考えたらだめだよ。わたしなんか、今も青年のつもりなんだ」

そう語る徳間に元気をもらい、握手をして別れてから一年余り後に徳間は亡くなった。

「いまでも、目を閉じると、裸足に雪駄をつっかけ、広い社長室を、歩き回っていた徳間さんの姿が浮かんでくる」

徳間より七歳下の佐野は追悼文をこう結んでいる。

## ずっと敗者復活戦

『潮』の二〇〇〇年七月号で、作家の大下英治の、

「若い人ならともかく、徳間社長のお歳（七十八歳）になると、冒険はやめておこうというのが普通じゃないですか」

という問いかけに、徳間は、

「いや、僕は若いときから冒険が信条で、僕の生き方というのは『読売』の記者以来、いうなればずっと敗者復活戦なんです。『読売』のときは一五〇〇人受けて六人しか採らなかったなかで採用され、正力松太郎さんの編集秘書までやったんですが、労働争議でクビになり、次に松本重治さんに見込まれて二十七歳で『東京民報』の社会部長になったのはいいんですが、その新聞が左翼的だということでGHQ（連合国軍総司令部）に潰されてしまった。それで次に早稲田大学時代の友人だった中野正剛先生のご子息の中野達彦氏が社長で私が脇で出版社をやった。眞善美社の社名で経営にタッチしました。『綜合文化』という雑誌があったんです。知らないかな。安部公

房が編集長で、野間宏、花田清輝、中村真一郎といった人たちが顧問でいたのですが」

と答え、大下が、

「懐かしい、歴史に燦然《さんぜん》と輝く名前ばかりですね」

と相槌を打つと、徳間は、

「埴谷雄高の『死霊』なんか、二〇〇〇部発行して、一五〇〇部も残っちゃって（笑）。ドストエフスキーのような、一日か二日の出来事を延々と書いても売れるはずないんだけどね。でも、いまとなれば価値があるでしょう。ほかにも野間宏の『暗い絵』とか、中村真一郎の『死の影の下に』とか、梅崎春生《はるお》とか田中英光《ひでみつ》とか、いろんな人の作品を出版したんです」

と回顧している。

大下の言うように、「すごい」けれども、当時は全然売れず、そのため、毎日が争議で、徳間は鍛えられた。敗れてばかりだったが、しかし、戦いをやめなかったことが徳間康快という人物をつくったのである。

大下は徳間の伝記小説を書く予定だった。徳間も承知し、少し待ってくれと言われていたのだが、このインタビューから半年も経たずに徳間は亡くなってしまった。多分、徳間は大下に自分の病気を隠していたのだろう。

それを考えると、大下と徳間の次の遣り取りが痛々しい。

「失礼ですが、徳間社長の年齢にして、どこからそういう斬新な感覚が？」

「こういうのは年齢ではなく、脳細胞の問題なんです（笑）。脳細胞というのは使わなければ老化するけれども、使えば進化するんです」

「徳間社長のは進化している？」

「僕はまだ苦労の連続で、敗者復活戦を戦っているところですから使用中というところです（笑）」

〝敗戦〟は、梶山季之の『生贄』のように途中で増刷を見合わせるという形でも表れた。しかし、それでも『生贄』は刊行はされたが、ゲラ刷りにまでなりながら挫折せざるをえなかった本もあった。現実に挑んでいれば、連戦連勝はありえない。それが七勝三敗となるにせよ、二勝八敗となるにせよ、敗戦はやむをえないのだと私は思う。要は、それでも敗者復活戦をやりつづけたかということなのである。徳間の人生は、ある意味で、ずっと敗者復活戦だった。

徳間の〝敗戦〟の一つに、私は大学時代のゼミの同期生で徳間書店に入った守屋弘の縁で関わった。当の守屋は忘れてしまったというのだが、一九八〇年のある日、守屋がゲラ刷りの束を持って訪ねて来た。株式評論家の安田二郎が書いた小説『マネー・ハンター』のそれである。

守屋によれば、『問題小説』の一九七九年二月号から一二月号まで連載されたこの作品は、そのまま、徳間書店から出る予定だったが、小説に出てくる「M証券」から圧力がかかってストップしたという。野村証券を思わせる「M証券」は、では、何が恐かったのか。

「うだつの上がらぬ株の予想屋」である主人公の工藤は、作中で、知り合いの雑誌記者に次のように言う。

「大衆投資家にとって暴落は常に予期せぬ出来事なんだ。しかし、内部事情に精通している者にとっては、それが計画的な演出であることは否定出来ない。熟柿の落ちる如く見せかけているが、最後の一瞬には、その幹に手をかけて樹をゆさぶる者がいる。相場水準を過当なまでに押し上げて来た連中と、それを一瞬のうちに暴落させる者とは同じ人間たちである場合が多いのだよ」

損失補塡などの証券スキャンダルが発覚する前の作品である。「M証券」には、こうした構造への鋭い洞察と、それに基づく証券界の相場操作の具体的な指摘が恐かった。

そのころ、経済小説についての評論家の看板を掲げ始めていた私は、これを読んで衝撃を受け、小さいながら硬派の出版社である亜紀書房に持ち込んだ。同社の棗田金治《なつめだきんじ》社長も感心し、一九八〇年暮れに『経済小説　兜町《シマ》の狩人《ハンター》』と改題されて刊行され、話題を呼んだのである。

兜町の近くに事務所を持つ安田二郎が近所で飲んでいた時、大手証券の社員らしい何人かのグループが、

「アイツが証券界の悪口を書いているヤツだ。一発殴ってやろうか。でも強そうだな」

とヒソヒソ話をしているのが聞こえてきたこともあったという。

この作品をはじめ、次々に刊行された安田の小説は、大手証券では、さわってはならないハレモノのようになっていた。個人的なモデルのない小説なのに〝危険視〟されることについて、いまは亡き安田はこう語っていたものである。

「主人公が株で損したとか儲けたとかいうことじゃなくて、証券界そのものが持っている構造的な恥部や暗部を描いているからだろう。個人的中傷なら、名誉毀損で告訴するか、あれはオレじゃないと言えばいい。しかし、構造だから、それはできない。それで、全証券界、証券機構そのものに対する告発として受けとめることになる。オレは、証券界は本来の投機市場としての再生を考えたらどうか、と言っているだけなんだがね」

これから数年して、総会屋に食い込まれていた野村証券はトップが一斉に失脚することになる。

『問題小説』には、ほぼ同じころ、スパイ小説作家の中薗英助《なかぞのえいすけ》の『小説円投機』も掲載されたが、同誌の編集長を務めた山下寿文は、徳間書店にとっては西村寿行《じゅこう》の貢献が大きい、と語る。映画化されて、特に中国で大評判となる『君よ憤怒《ふんぬ》の河を渉《わた》れ』も西村の作品である。

『徳間康快追悼集』には、同じ西村でも、寿行ではなく京太郎が、徳間の反骨を示す逸話を書いている。

西村京太郎と山村美紗《みさ》は知る人ぞ知るカップルだったが、京都での二人の誕生パーティには、徳間は必ず出席してあいさつしたという。京太郎は、まず、その声の大きさに驚かされた。以下、作家の筆で、京太郎の描く徳間像を紹介しよう。

「普通、出版社の社長さんというのは、たいてい、声が低く、慎重に話をされるのだが、康快さんだけは別だった。珍しく、講演が大好きな方だったのである。

その話も、当意即妙というか、あれあれという間に、脱線してしまう」

それは、山村の長女、紅葉《もみじ》の結婚式でフルに発揮された。

山村は作家で、テレビドラマの原作者でもあり、紅葉側の来賓は出版関係や芸能人で占められた。一方、新郎は大蔵省のエリート官僚だったので、大蔵省のお偉方が多い。

そして、式が始まり、来賓のあいさつになって、徳間が指名された。あいさつのうまい徳間が最初に話すことに決まっていたというが、いつもの大声で祝辞を述べ始めた徳間が、終わると思っていたところで、突然、

「この席に、大蔵省の方が多数おいでになるので、ぜひ、申し上げたいことがある」

と、消費税の話を切り出した。

このころ、消費税の導入が問題になっていて、出版社は大反対していた。

京太郎は、最初から徳間が消費税の話をする気はなかっただろう、と推測する。

しかし、式場へ来て、大蔵省のお偉方の顔を見ているうちに、この際、一言いっておかなければ、と徳間は思ったに違いないのである。

最初は苦笑しながら聞いていた大蔵省の幹部たちも、これは困ったことになったと、あいさつでは、お祝いの言葉もそこそこに、

「ぜひ、消費税の導入にご理解を」

と話し始めた。

その後は、反対と賛成が交互に入り乱れて混戦である。

口の悪い俳優のYなどは、

「役人は頭が悪いから、こんな悪税をつくるんだ」

と罵倒し、新郎側はひたすら、

「消費税にご理解を」

と言い続ける珍妙な結婚式になった。

このエピソードを披露しながら、京太郎はこう結ぶ。

「もし、最初のあいさつが他の人だったら、多分、消費税の言葉が、飛び交うことは

なかったろう。それを考えると、康快さんという人は、自分を抑えられない人だったと思う。いいたいことはいう人なのだ。私は、たまたまその性格を、この結婚式で、かいま見てびっくりしたのだが、この性格で、康快さんは一生を貫いたような気がする。自分が、正しいと思ったことは、周囲には気がねなんかしないで口にするし、実行する。時には、それははためいわくだが、それを貫き通すというのは豪快でもある」

## 異色官僚との交友

一九七三年五月号の『中央公論』に徳間の「われ新聞界に挑戦す」が載っている。この「挑戦」についてはのちに書くが、そこで徳間は「隠れたほんものを探し、にせものを叩くことにこそ、ジャーナリズムの使命がある」とし、ほんものの人間として、「竹内好先生、通産省におられた佐橋滋《しげる》氏、正木ひろし氏、梶山季之氏といった人々」を挙げている。

竹内好や梶山季之と徳間の関わりは既に書いたし、戦時中に個人雑誌『近きより』

を出して軍国主義と官僚主義を指弾しつづけた反骨の弁護士、正木ひろしを徳間が推奨するのも何の不思議もない。しかし、「通産省におられた佐橋滋氏」を挙げているのには驚いた。

「ボクのことはサタカ君の方がよく知っている」

こう言われるほど、私は異色官僚の佐橋と近かったからである。徳間に不意をつかれた思いだった。しかし、言われてみれば、よく似ている。ある種の奔放さと、それと反するように見える含羞《がんしゆう》。多分、佐橋についての形容はそのまま徳間に当てはまるのだろう。

佐橋を主人公のモデルとして城山三郎は『官僚たちの夏』（新潮文庫）を書いた。それは中村敦夫や佐藤浩市が演じてテレビドラマ化されたが、佐橋は徳間が嫌いな役人らしくない役人だった。文字通りの異色官僚である。

小説を書き終えた後で城山は佐橋と対談しているが、小説を書く場合、城山は原則としてモデルには会わない。小説の人物は自分がつくった人間であり、そこへ実在の人物が入ってくると、せっかく創造したイメージがこわされてしまうからである。

「取材の過程でお会いしなくてよかったと思った。もしお会いしていたら、私がふくらませた主人公のイメージが、強烈な個性にねじふせられたに違いない」

城山は『週刊朝日』の一九七四年一二月六日号で、こう振り返っている。

城山は「剛速球一本やりの佐橋流」は現在でも通用するかどうか、ちょっと疑問が残る、とも言っているが、それについて佐橋自身は、

「オレは香車《きょうしゃ》のように、まっすぐ進むコマではない。もっと複雑に動けるコマだ」

と苦笑していた。

しかし、風越信吾こと佐橋滋は、この小説をときどき読み返していたのである。中でも、次のシーンは鮮明な写真のように瞼《まぶた》にやきついていた。

〈風越はその前につめ寄り、大声で浴びせかけた。

「大臣、それでも、あなたは実力者なんですか」

次官室の空気は、動きを止めた。次官も局長も、はらはらして二人を見守る。須藤は、大きな眼で、じろりと風越を見上げた。爆発寸前の目の色であったが、それでも、須藤はふみとどまった〉

佐橋自身の著書『異色官僚』(ダイヤモンド社、のちに徳間文庫)にもはっきりと書かれているこのシーンを、佐橋はつい昨日のことのように思い出すことができた。

佐橋は当時、通産省（現経済産業省）の企業局長で、須藤のモデルの実力通産大臣は佐藤栄作だった。産業公害を防ぐために工場立地の計画化を図る新政策に、予算折衝の段階で、佐藤があっさりと降りてしまったので、佐橋がフンマンをぶちまけたのである。

ようやく踏みとどまった須藤こと佐藤が、

「……そんなに怒るな。その代り、他で少しイロをつけさせた」

と、なだめたのに対し、

「あの予算に代りも何もありませんよ」

と風越こと佐橋はあくまでもニベもなかった。

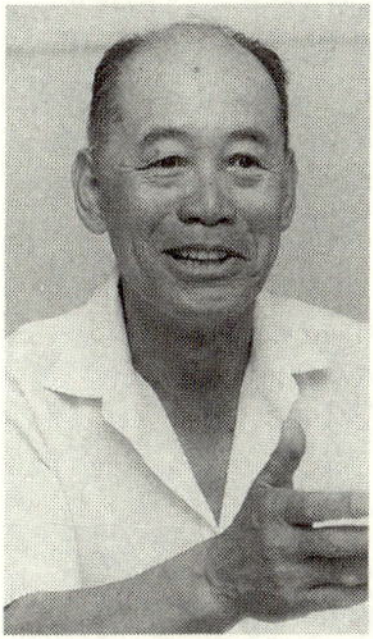

佐橋滋

「味方まで沈めてしまう」と中山素《そ》平《へい》（元日本興業銀行会長）に言われた、当時の佐橋の面目躍如である。

こうした「強気」は、大臣は行きずりの雇われだが、自分たち官僚にとっては、通産省は生き死にの場所なんだ、という強烈な自負心から来ていた。佐橋はいつも辞表をフトコロに呑んで全力投球したのである。

「おれは、余力を温存しておくような生き方は好まん。男はいつでも、仕事に全力をあげるべきなんだ」

佐橋は口癖のようにこう言っていたが、こんな役人はほとんどいない。残念ながら、だから佐橋は異色官僚だったし、異色官僚として現在にも語り継がれている。

佐橋が重工業局の次長の時、通産大臣の高碕達之助《たかさきたつのすけ》と衝突したことがある。高碕は当時、東洋製罐《せいかん》の社長だった。

東洋製罐はアメリカの技術を導入し、独占的なシェアを誇っていたが、ある製鉄会社が別の技術導入を意図すると、佐橋は、それはいいことだとして、東洋製罐の競争会社をつくらせようとした。しかし、大臣が同社の社長なのだから通るはずがない。

案の定、大臣も次官もダメだという。

佐橋は眼をむいた。

「それなら次官とも大臣とも決裂だ。おれはこれは何としてでもやる。それがどうしてもお気に召さないなら、おれの首を切れ。その時、おれはこういう理由で首を切られたと世間に公表する」

そこで次官は、

「佐橋はどうしても言うことをきかない。首を切ったら、もっと大きな問題になる」

と大臣に言って、結局、大臣も折れた。

「どうしてもこの筋を通さなければならないと思えば、新聞にでも公表して国民に判断してもらう」という、いわば〝民意を背景にした抵抗の原理〟を佐橋は持っていたのである。官僚には、とかく傲岸な男が多いが、佐橋は違った。ノン・キャリアの登用を図ったことでもわかるように、人間を差別しない人間だった。

「事務次官で印象深いのは、なんといっても佐橋さんですね。帰りがけに巡視の部屋にふらりと入ってこられるんですよ。いろいろ世間話をしました。時にはわれわれの焼いたメザシなどをつまむ、ほんとうに親しめる人でした」

これは通産省の巡視長だった石田角次郎《かくじろう》の回想である。

「ぼくは役人の時にいばりくさっていたように思われていますけど、そういうふうにとられるのはちょっと心外で偉い人に不必要に頭を下げなかっただけです」「あとはとにかく自分の部下であろうとなんであろうと、これはまったく気分的に対等であって、民間の言うことでも、役人の言うことでも、とにかく対等で聞く」

拙著『官僚たちの夏』の佐橋滋』（七つ森書館）に入れた久野収との対談で、佐橋はこう語っている。

では、この異色官僚と徳間を誰が結びつけたのか？　いろいろ尋ねたが、わからない。それで私は、平凡出版（現マガジンハウス）の岩堀喜之助《きのすけ》だろう、と見当をつけた。徳間書店の宣伝部長だった和田豊も、岩堀でまちがいないと思う、と言う。

佐橋が『岩堀喜之助を偲ぶ』という追悼集に「大浪人の風格」として書いている通り、佐橋と岩堀は「全く違った分野で生きて来た人間」で、普通ならつながりができそうもない。「縁なき衆生で終っても、ちっともおかしくない」間柄だった。

ところが、佐橋が政争のあおりを食って特許庁長官に左遷された頃、岩堀が突然、司馬遼太郎の『龍馬がゆく』（文春文庫）を持って、佐橋を訪ねる。面識はなかった。

「龍馬の生き方はあなたに似ていると思うから、これを読んでみなされ」

岩堀はこう言って帰って行った。

佐橋はこの本を一気に読み、爾来、司馬遼太郎ものに取りつかれる。そして同時に、岩堀喜之助という「大浪人」とのつきあいも深くなっていったのである。深まりの手段はマージャンだった。

岩堀については、久野収もこんな印象を語っている。

ＮＨＫの座談会で一緒になった時、帰りの車を断って久野が電車に乗ったら、岩堀も乗って来た。それで久野が、

「忙しいのに、どうして車で帰らないんですか」

と尋ねると、久野と同い年の岩堀は、

「久野さん、ぼくたちのように大衆と等身大の立場で、大衆の目線で編集している編集者は、車に乗っていたらだめなんです」

と言った。そして、

「始終乗っていると、つい読者大衆を見下ろす結果になり、等身大の立場、大衆の目線で編集している『平凡』という雑誌ではまずいんです」

と穏やかに付け加えたので、久野はえらく感動したのだった。

同じ出版人として、もちろん、徳間は岩堀とつきあいがあったし、こうした姿勢の岩堀を先輩として徳間は尊敬していただろう。その縁で岩堀に佐橋を紹介してもらったと考えるのは不自然ではない。

佐橋と徳間の交友に私は快哉《かいさい》を叫びたくなった。佐橋の部下だった元大分県知事の

平松守彦は、佐橋を、むしろ女性的な人だと言う。それは字を見ればわかると言い、その神経の細やかさを指摘した。

「佐橋さんは孤独に強い人です」

とも言ったが、徳間も孤独を好んだと証言する人は多い。

「佐橋さんは部下に殉ずる人でした」

平松はこうも語り、これはと思った若い人には命を預ける感じだった、と続けた。

これも徳間と共通する性向だろう。

佐橋は死ぬまで非武装平和を主張し、政財界人を閉口させたが、そんな佐橋に、私は学生時代は赤線に通ったんでしょうねと尋ねたら、

「いや、母親の言いつけを守って一度も行かなかった」

と答えて顔を赤らめた。

## 伊藤淳二をめぐって

徳間もまったく編集に介入しなかったわけではない。時に大権を発動した。

一九七〇年代に『アサヒ芸能』の編集長だった加藤博之は、その時のことをこう語る。

「加藤、アレ降ろせ」

徳間から、そう電話がかかってきたのは深夜の午前二時だった。

「お前は編集長だが、社長はオレだ」

徳間はそう言って、鐘紡の記事を降ろすよう指示した。やむなく加藤は別の記事に差し換えたが、中吊りの広告は変えることができず、チグハグなままに出た。

城山三郎の小説『役員室午後三時』(新潮文庫)の主人公のモデルともなった鐘紡の元社長、伊藤淳二と徳間は親しく、伊藤は『徳間康快追悼集』にこんな一文を寄せている。題して「懐かしい人、徳間さん」。伊藤の肩書は「カネボウ株式会社名誉会長」である。

新社屋が建った時、徳間は伊藤を「あの例の人なつかし気な顔をほころばすようにして」くまなく案内し、社長室から汐留一帯の海まで見渡せる景色を眺めながら、

「伊藤さん、すばらしいでしょう。私はね、時々、ここから海をぼんやりみているのですよ」

と言って微笑んだという。徳間は作務衣《さむえ》姿だった。

そんな徳間に、伊藤は「大変むずかしい条件のある知人の息子」が出版社に勤めたいと言っているのだが、と相談したことがある。

徳間は話を聞いた後、

「分かりました。私がお預りしましょう」

と言った。

本人にも会っていないのにである。

「あなたがいわれるのですから、余程のことでしょう」

と即決した徳間に、伊藤は「いいあらわせぬ感動を覚えた」とか。

現在もそうだが、出版界は就職希望者が殺到して難関中の難関である。

遺憾なことに本人の都合で結果的に折角の徳間の厚意を無にすることとなっただけに、伊藤とその知人の徳間への感謝は深甚のものとなった。

徳間より一歳下の伊藤は、ふとした時に、

「徳間さんと会いたいな」

と思った。

声をかけるとたいてい応じてくれ、料亭でバンドを入れて、はしゃいだこともあった。

「雨の日、身一つで家を出て、この途に入りましたよ」

ある時、徳間にポツリとこう言われたのが伊藤は忘れられない。

その伊藤に、私は連載を潰されたことがある。

一九九二年当時、私は『週刊現代』に「今週の異議アリ」を連載していたのだが、同年六月六日号で、鐘紡では〝忠臣〟ならぬ〝忠犬〟が社長になったと書いたら、二度も配達証明の抗議文が届いて、結局、連載は中止となったのである。

新社長が記者会見で、

「入社以来歩き方まで伊藤会長に教わった」

などと言ったから、そう皮肉ったのだが、資生堂と並ぶ化粧品業界の雄だった鐘紡に、女性誌をもつ出版社は抵抗できなかった。

鐘紡は私がやはり連載していた『週刊東洋経済』にも圧力をかけた。しかし、同誌の編集長はそれに屈せず、私は同年の九月五日号で『週刊現代』の連載を中断された経緯を記し、さらに、イワクつきの雑誌『経済界』の主幹、佐藤正忠《せいちゅう》が『伊藤淳二の研究』という本で、城山の小説を批判していることに反論した。

佐藤によれば「その主人公は、労組を自分の味方にして、クーデターで社長の座を射止めていくというストーリーだが、これはまったくのフィクションである。私が会ってみた伊藤は、人間として大きくて、なんとも表現し難い魅力を感じる存在であった」という。

それで佐藤が、伊藤に、

「あなたは、ずいぶん誤解されていますね」

と言ったら、伊藤は、

「城山さんの本ですか」

と笑ったとか。

そして佐藤は〝徹底取材〟して前記の本を書いたのだが、「そこには、城山三郎の作品とは余りにもかけ離れた世界があり、人間・伊藤淳二がいた」とし、城山に次のような注文をつけている。

「小説家が作品を創造するのは自由である。しかし、モデルとされる側の迷惑に対し、何かしら配慮するのが小説家の作法ではなかろうか」

これを読んで、私は「問わず語り」という言葉を思い出した。城山は別に、この作品のモデルが伊藤だと吹聴しているわけではない。それを、こうまで力んで否定するのは、むしろ当たっている部分が少なくないからではないか。

鐘紡の社長を一六年間もやり、日本航空の会長となっても鐘紡の会長をやめなかった伊藤を、私は佐藤のように「立派な人物」だとは思わないが、ともあれ伊藤は、佐藤正忠からは「正解」され、城山三郎からは「誤解」されたということになる。

この話はそれからも何度か話したり書いたりしてきたが、『噂の眞相』編集長の岡留安則との対談で語ったのが伊藤の目に触れたらしく、連載ストップ事件から一四年後の二〇〇六年一〇月一九日付で、突然、伊藤から私のもとに次のような速達が届いた。

時節のあいさつ等は除いて、直線の多い達筆のその手紙の枢要な部分だけ引く。

「当時はもとより、私の社長就任（昭和43年）以前より、一部社内あるいは一部社外マスコミにありました非難、批判にありました記事等による事実の誤聞、誤認ではないかと存じました。

当時は、会社の広報部門が一切を取りしきり居りました結果、貴下と私は一度も面識面談の機会を得ないままとなりました。私に関して貴下の御考えが、何か誤解によりその儘《まま》に打ち過ぎるとすれば、甚だ残念に存じます。私に関して如何なることにせよ、ご疑念の点がありますれば、直接お会いしておたづね頂けば、何なりとも率直にお答え致し度く存じます。貴下は私と同じ慶応義塾の同学とお聞きしました。同じ福澤門下生として、もし誤解のまま打ち過ぎ、何の話し合う機会がないことは如何にも心残りと存じます。出来ますれば貴下のご都合よき日時場所をご指定頂き、私が直接出向きまして、お会いした上、何なりともご質疑にお応え致し度く存じます」

追伸まで含めて便箋六枚のこの手紙に私は返事を出さなかった。いまさら何だと思ったし、広報に一切を任せていたからという言いわけにも腹が立ったからである。

しかし、批判されて、直接こういう手紙をよこすトップはほとんどいない。ということを考えれば、伊藤にも徳間が斟酌《しんしゃく》するような魅力はあったのだろう。

会って、徳間の話など聞いておけばよかったなと、いまは思う。

徳間は、部下の加藤博之に対しては強権を発動したが、私には一度も筆に手心を加えるようにとは言わなかった。

徳間を父と慕った徳間ジャパンの三浦光紀と一緒に何度かごちそうになった際にも、

「佐高さんはいまのままでがんばれ。君のような人が必要なんだよ」

と、むしろ励ましてくれた。

伊藤淳二だけでなく、住友銀行のドンだった磯田一郎など、徳間と関わりの深かった人を私は激しく批判したが、徳間はそれにブレーキをかけるようなことはまったく言わなかったのである。

伊藤は「追伸」で、石橋湛山が福澤諭吉の熱烈な崇敬者であったとし、湛山の著書の一節を引いてきた。

「他人の行為の批評は、その明らかに指摘しうる確かなる事実を基礎とすべきもので、容易にその心事に立ち入って揣摩《しま》憶測を逞しうすべきものではない。誉むるにしても腐すにしても勝手に推断さるる者の迷惑はもとより、動《やや》もすれば推断する者もその心の程を見透されて余り好い結果は生ぜぬものである」

私が『湛山除名』（岩波現代文庫）という湛山の評伝を書いていることを知って、伊藤が「追伸」してきたのかどうかはわからない。

しかし、湛山は山県有朋が死んだ時、「死もまた社会奉仕」と言い放った人である。敢えて言えば、「揣摩憶測」でも批判は必要と考えていたジャーナリストだった。自分への批判は「勝手に推断」したものだなどと思い上がる人ではなかった。私が伊藤に返事を書くとしたならば、湛山の次の一節を引いたかもしれない。

「山県有朋公は、去る一日、八十五歳で、なくなられた。先に大隈侯を喪い、今また公を送る。維新の元勲のかくて次第に去り行くは、寂しくも感ぜられる。しかし先日大隈侯逝去の場合にも述べたが如く世の中は新陳代謝だ。急激にはあらず、しかも絶えざる、停滞せざる新陳代謝があって、初めて社会は健全な発達をする。人は適当の時期に去り行くのも、また一の意義ある社会奉仕でなければならぬ」

伊藤と違ってソニーの盛田昭夫《もりたあきお》は、批判は必要と考える人だった。〝ソニーのイメルダ〟と妻まで批判した私のインタビューを盛田は受けたからである。

「僕と同い年のとり年で公私共に親しい面白い人物がいるんだよ。勉強になるから彼のところに行って話を聞いてきなさい」

盛田にこう言われて、のちに社長になる出井《いでい》伸之は徳間に会った。

## 念願の日刊紙『東京タイムズ』

一九七二年秋の「牝馬東京タイムズ杯」のレースで、徳間が馬主だった競走馬トクザクラが優勝した。徳間に優勝杯を渡したのは『東京タイムズ』元社長、岡村二一《にいち》である。同盟通信社出身の岡村は経営不振で困っていた。それで、これを機に徳間に買収してくれと持ちかける。

徳間の周囲はすべて反対だった。毎月何千万円もの赤字だったからである。そんなものを抱え込むのは無茶だという声を振り切って七三年春に徳間はこれを引き受ける。新聞記者から出発した血が騒いだのだろう。

その経緯を徳間は七三年五月号の『中央公論』に書いている。題して「われ新聞界に挑戦す」。

それによれば、『東タイ』引き受けには反対の声が渦のようにわきおこり、徳間書店を中心に徳間が経営している大小一六の事業の全社員が絶対反対の意向を表明したという。

しかし、『アサヒ芸能』をはじめとして、徳間が頼まれて経営を引き受けた会社は、すべて『東タイ』のようなものではなかったのか。

徳間はこう反論し、徳間書店を軸として傘下に収めている事業を列挙する。

徳間美術サロン、現代史資料センター出版会、理研映画、理研CM、徳間音楽工業、ダン音楽事務所、徳間音楽出版、真善美画廊、新光印刷工業、登別徳間ビューホテル、ミヤコトラベルサービス、国際経営センター、大徳開発興業、徳間貿易、徳間牧場。

これらの事業を拠点として新聞発行を企図してきた徳間は、『東タイ』からの話がなくとも、自力で日刊紙を出すつもりだった。

そこへ舞い込んだ話に徳間は乗ったのである。もちろん、競馬の縁だけで乗ったのではない。読売新聞の先輩の竹井博友に頼まれて力を貸した『日東新聞』が創刊一年で潰れた時には社屋もろとも岡村に引き取ってもらったし、徳間にとって岡村は「尊敬する数少い大先輩の一人」だった。松本重治に請われて手伝った『東京民報』は『東京タイムズ』の印刷会社で刷ってもらっていたのである。

昂揚した徳間は「『東京タイムズ』に自分の後半生を賭けた」と言い切っている。

「われ新聞界に挑戦す」の宣言の部分を引く。

「はじめから日刊紙発行を頭に描いて十六の布石をしてきたのである以上、『東タイ』は十七番目の私の事業であり、最後の事業になることは間違いない。いままでは各個に分散されていた戦力を、『東タイ』に集中する。もはや私の事業団の中心は『東タイ』であり、私は毎日東京タイムズ社に出勤する。徳間事業団のすべてを『東タイ』に投入する。『東タイ』が潰れるときは、徳間事業団すべてが潰れるときだ」

徳間は『東タイ』に、日本でまだあまり成功していないクオリティ・ペーパー（高級紙）としての特色を盛り込みたいと考え、フランスの特色ある新聞『フィガロ』をめざそうとする。それで、具体的にこう抱負を述べる。

「いまの『東タイ』の紙面から、競艇、競輪の記事を追い出し、文化欄、とくに教育問題に力を入れていく。政治、経済、外交面の記事も、ひらがなを多くして、平易で読みやすくする。そしてその中心に社説がすわることになる。社説こそ新聞の顔であるからである」

そのころ、徳間が最も注目していた新聞は『赤旗』だった。日本共産党の機関紙らしく、一つの物差しを持っている。その主張をすべて是としているわけではないが、

『赤旗』なりの判断基準を持っていることが貴重だと、徳間は思った。

同年六月七日、徳間の『東京タイムズ』社長就任披露パーティがホテルオークラで開かれ、時の首相、田中角栄が出席する。

もともと、徳間は、自分はもちろん、来賓の祝辞も一切遠慮するつもりだった。代表取締役社長と編集局長兼任の徳間は、「編集局長は語らず。ただ紙面が語るのみ」をモットーとしており、お礼の言葉を述べる予定もなかった。田中の秘書官からも、パーティには出るが、あいさつはしない、と連絡があったという。

ところが、一六〇〇人もの人垣を縫って正面のステージに歩み寄った田中に、司会者が、

「総理、ひとこと」

と水を向けるや、田中は、

「ウン、ウン」

と頷き、マイクをつかんで登壇し、

「徳間君は私と同じく新潟県出身の同郷人であり、古くからの友人です。その彼が、このたび、かねてからの念願であった新聞経営に着手されることを心からお喜び申し

上げる。社長と編集局長を兼務して自ら陣頭指揮に当たるそうですが、田中批判けっこう、自民党批判も大いにやってください。自民党はつぶれてもいいが（爆笑）、『東京タイムズ』がつぶれたら大変です。そのために、みなさんの力を貸してやってください。ニューヨークに『ニューヨーク・タイムズ』があり、ロンドンに『ロンドン・タイムズ』があるけれども、世界一の人口を擁する首都東京の『東京タイムズ』が一日も早く両タイムズを名実ともにしのぐ立派な新聞になってほしい。今後を大いに注目しています」

と励ました。

このハプニングに会場は割れんばかりの拍手に包まれたが、その感激を徳間は『財界』の七三年七月一五日号に「原敬以来の野人宰相としてあまねく知られる田中角栄首相の面目、まさに躍如たるその姿を身近に接し、私の胸中は、澎湃《ほうはい》として湧き上がる熱いものに満たされていた」と記している。

しかし、大手紙を中心とする新聞界の壁は厚かった。前記の「われ新聞界に挑戦す」で徳間は、「ことをなすには、プロフェッショナルよりも、よごれに染まらない若く無名で貧乏な人が大きな原動力になる」と言い、「今回の『東京タイムズ』建直しにあたっても、いまの陣営で十分だと思っている」と続けているが、ある程度の専門家をそろえる余力はなかったというのが実情だった。

徳間貿易から最初は出向という形で参加した後藤喜兵衛は、中央公論社の取締役で編集長だった笹原金次郎を専務で迎えたり、朝日新聞から販売のベテランの寺崎道春を副社長で迎えたりしたが、部数を伸ばすことはできなかった、と語る。

それでも徳間は奮闘した。金澤誠の『徳間康快』で、総合デスクの一人だった後藤は当時の徳間を、こう証言する。

「車の中に設置していた自動車電話から、毎日、社長に『後藤君、今日の新聞の頭（トップ）は何だ？』と聞かれ、僕がそれに答える。『ダメだな。（共同通信からの配信でない）自社のネタはないのか。何でもいいから自社のものじゃないとダメだ』とよく言われました。社長がよく言っていたのは、新聞は一報はいらない。起こったことのこれからの見通し、分析、解説なんだ。いろんなことを教えられましたね。また社長は顔が広いので、いろんな情報を持っていて、掲載する内容に関しても自分なりに判断されていたと思います。例えばオウム真理教が総選挙に出たことがありました。広告を取るのは大変だったんですが、選挙広告は広告収入としては大きい。それでオウム真理教からも依頼が来ています、と広告局長が説明したら、社長は『それはダメだ、やめておけ。きっと問題が起こるから』と言っていました。そういう感覚、判断は鋭かったですね」

ちなみに、私が辛口評論家としてのスタートを切ったのも『東京タイムズ』である。一九八二年にフリーになってまもなく、私は同紙の中川六平《ろっぺい》（本名、文男）に依頼されて、「サラリーマン読書学」と題したコラムを連載し始めた。関西財界のボスの日向方齊《ひゅうがほうさい》に噛みついたり、中曽根康弘を七面鳥と罵ったり、更には『徳間康快追悼集』で徳間を偲んでいる渡部昇一をバッサリやったりと、いま思えば徳間には迷惑だったかもしれないが、一度も注文がついたことはなかった。

それをまとめて『佐高信の斬人斬書』（島津書房、のちに徳間文庫）という本を出した時、私は「おわりに」にこう書いた。

「この連載をすすめてくれたのは、同紙報道部の中川文男さんだった。いささかの屈折を含みながらも、つねに前向きに生のエネルギーを発散させる中川さんに励まされながら、私は自分の思いのたけを毎週一回、原稿用紙に叩きつけた。だから、ここには露骨すぎるほどに私という人間が出ているはずである。そのために、さまざまに物議をかもしたが、その場合も、中川さんが身体を張ってバックアップしてくれた。中川さんと東京タイムズのスタッフたちの熱い支援がなければ、とても一冊の本になるほどには続かなかっただろう」

中川は同志社大学で鶴見俊輔に学び、米軍基地のある町、山口県岩国市で反戦喫茶「ほびっと」を経営したりしたこともある。

その縁で、鶴見が『東京タイムズ』にコラムを書き、徳間はそれを喜んだという。

しかし、『東タイ』の経営は苦しかった。

労働組合の委員長として団体交渉をする中川に徳間は、

「妾の連れ子のような東京タイムズに、これ以上カネは出せねぇよ」

と言い放った。

激しい言葉の行き交う交渉の席とはいえ、刺激の強過ぎるセリフである。

その一方で、七〇人の社員を全部会社持ちで熱海のホテル大野屋に連れて行ったりもしている。その夜の宴会で、生バンドの演奏つきで徳間は歌った。

へ時には娼婦のように

なかにし礼作詞作曲のこの歌を唄う徳間は素人離れしていた。

第四章

# 濁々併せ呑む

## 梟雄、小宮山英蔵の恩

鈴木東民、松本重治、そして緒方竹虎といった人は青年期に徳間が傾倒した人物だが、壮年期に徳間が世話になった人間の代表格が松前重義と小宮山英蔵《えいぞう》だった。東海大学をつくり、社会党の代議士でもあった松前が表の顔であり、平和相互銀行の創業者の小宮山が、いわば裏の顔である。

〝闇の世界の貯金箱〟ともいわれた平和相互銀行は〝徳間康快の貯金箱〟でもあったが、梟雄《きょうゆう》という呼称がピッタリの小宮山英蔵とは、では、どんな男だったのか？

一九七九年六月二六日に小宮山が亡くなり、それから九日後の七月五日に東京は築地の本願寺で行なわれた銀行葬には、元首相の田中角栄が駆けつけた。その前の密葬には、岸信介、福田赳夫《たけお》、中曽根康弘が参列している。

買い占め屋の異名を取った鈴木一久《かずひさ》は、小宮山が平和相互の前身の無尽会社を興す時の協力者だったが、この梟雄について、こう言っている。

「一代で身を起こし、修羅場をくぐり抜けてその地位を築くには、紙一枚の隙間をぬけ目なく見つけ出し、すり抜けすり抜けして向こう岸にたどり着く連続だったでしょう。恐ろしいほど頭の切れる男でしたからな。おれは、生涯、この小宮山英蔵と小佐野賢治、それに横井英樹の三人とだけは、絶対に喧嘩をすまい、と心に決めてきたほどだ。一戦を挑んで、万が一相討ちにすることは出来ても、絶対に勝つことはない。それほど凄い男たちですよ。しかし、その小宮山さんも、アチコチ手を拡げすぎてましたからね。そのしがらみの中で、あれこれ考えると、夜も眠れぬ日がつづいたろう。本人、ああいう男だから、まだ死ぬに死にきれん思いだったろうが、ある意味では、しがらみからも解放された。『英蔵よ、あとのことは考えず、ゆっくり眠れよ』と言ってやりますよ」

その葬儀に歴代の首相が駆けつけたことでわかるように、小宮山英蔵の平和相互銀行と政治家のつながりは深かった。平和相互は〝政治家の貯金箱〟でもあったからである。融資はすべて英蔵の思うがままに行なわれ、危ない融資が多かったが故に、政治家を使って役人を抑えてもらわなければならなかった。そのために献金していたのである。

ただ、小宮山はダーティなばかりの人間ではない。コンピュータがまだ海のものとも山のものともつかぬ時代にＩＢＭのオンラインを真っ先に取り入れるような先駆性も持っていた。

城山三郎と親しかった人物評論家の伊藤肇が『幹部の責任』（徳間書店）で、小宮山の特色を「どんな場合にも小さく固まろうとしなかったこと」と書いている。これは徳間に対する評としても当てはまるだろう。

小宮山は人間の三悪として、「批判はするが実行はしない。責任回避。地位に安住する」を挙げた。これを伊藤は「風雪をくぐりぬけてきた人間でなければ吐けない文句だ」と言う。もちろん、徒手空拳からのしあがってくるためには火の粉もかぶらなければならなかったし、敵も少なくない。

「いい意味においても、悪い意味においても怪物だよ」

こんな小宮山評もあるが、この怪物と徳間は、徳間が新光印刷の社長をしていた時に出会った。

徳間書店の宣伝部長だった和田豊がこう語る。

「平和相互の営業マンが来たので、徳間さんが『お前のところの社長に会わせろ』と言ったんですね。そのころ、徳間さんは『アサヒ芸能新聞』という紙名を買い取るためにカネが必要で、小宮山さんに頼んだ。さすがに、それには融資できなくて、小宮山さんは自分の奥さんの預金を徳間さんに貸したんだそうですよ」

和田が小宮山から直かに聞いた話だという。いきなり、そんな経緯になるほどに、徳間は小宮山から気に入られたのだろう。

その絆は、小宮山の弟の重四郎が衆議院議員選挙に立ち、徳間が指揮をして選挙違反に問われたことから、いっそう深くなる。のちに重四郎は当選して田中派に入るが、それも徳間が差配した。

しかし、小宮山英蔵が亡くなって、徳間はいわば〝無尽蔵の貯金箱〟を失うことになる。とは言え、徳間と小宮山の関係は、一方的に徳間が世話になっているばかりではなかった。ミノルフォンをはじめ、うまくゆかなくなった会社の再建を小宮山は徳間に頼んだからである。

ある時、徳間ジャパンの三浦光紀は徳間に手帳を見せられた。そこには赤字で一三〇〇億円と書いてあり、徳間は三浦に、

「この中の一〇〇〇億はおれがつくったんじゃない」

と言ったという。つまりは小宮山に頼まれた会社の負債だということだろう。これをめぐって、平和相互を呑み込もうとした住友銀行と徳間は際どい駆け引きをすることになる。

ワンマンの小宮山が死んで内部分裂を起こしていた平相に住銀は目を付けた。住銀はやはり関西の銀行というイメージで、なかなか「全国区」の銀行になれない。「地方区」から脱するためには首都圏に支店の多い平相を吸収合併してトップバンクになる必要がある。当時の住銀のドンの磯田一郎はこう考え、蔵相だった竹下登に諮った。竹下は竹下で、田中角栄の傘から出て一派を立てるために〝軍資金〟が必要だった。それで、磯田と竹下の気脈を通じた企みが動き出す。しかし、平相には闇の勢力が巣くっていた。政治家ならぬ政治屋たちもそうだが、それ以上にダーティな闇の人間たちが棲息していた。

それで、当時の住銀頭取の小松康《こう》が会長の磯田に異議を唱える。平相の吸収劇をモデルにした大下英治の『総裁選銀行』（双葉文庫）から、その場面を借りよう。

「お言葉をかえすようで申しわけありませんが、平和相互という魚を呑みこむのは、たしかに身はおいしいが、骨も多すぎます。まかりまちがって骨がこちらの喉に突き刺さりますと、こちらの命取りになりかねません」

「わたしは、銀行家としてのプロだ。メリットのない計画を強行はしない。たしかに、他の銀行なら、きみの言うとおり、慎重になるだろう。が、ウチはちがう。うちには、特殊部隊である『融資第三部隊』がひかえているではないか。彼らがいるかぎり、勝算は十二分にある。特殊部隊をつかって安永産業（安宅《あたか》産業）を巧妙に料理できたことは、わたしときみが誰よりも知っているじゃないか」

〝政治家の貯金箱〟といわれた平相を〝竹下の貯金箱〟にしようとした竹下のもくろみと磯田の野心が組み合わさって、紆余曲折《うよきよくせつ》はあったが、住銀による平相呑み込みは達成された。

しかし、問題は、平相という〝おいしい魚〟の〝多すぎる骨〟だった。その処理のために川崎定徳《ていとく》社長の佐藤茂らが駆り出される。

ある日、徳間は三浦光紀を連れて佐藤を訪ねた。受付で、お名前をと言われ、三浦が書こうとすると、徳間が、

「こういうところで書くものじゃない」

と止めた。多分、徳間は、フィクサーの佐藤の下に自分が来たという証を残したくなかったのだろう。

私の推測だが、この問題で、徳間は最初、伊坂重昭ら、いわゆる平相自立派四人組に与《くみ》していたと思われる。しかし、竹ちゃんと呼ぶほど近かった竹下登の意向も汲み、住銀合併派に徐々に自分のスタンスを移していったのではないか。その過程での佐藤茂訪問であり、とりわけそれは知られたくないことだった。

もちろん、徳間にも思惑があり、合併が成功したら、一三〇〇億円の負債の一〇〇〇億円分、すなわち、自分がつくったのではない負債の返還は求めないという内意を住銀から得ていた。

しかし、合併が成立するや、住銀は徳間に対して、そんな約束事は知らないという顔をする。「オレはだまされた!」という徳間の最期のころの口癖は、このことをも指していた。

平相合併に反対した住銀頭取の小松康が、合併が止むを得ないなら、少しでも闇の世界との関係を絶ちたいと動き始めたことも影響していたかもしれない。但し、小松の動きは、闇の世界が反発して、住友銀行東京本店糞尿弾事件を起こしたことによって中断される。本店に糞尿がバラまかれて会長の磯田が狼狽し、いきなり頭取の小松の首を斬ったからである。

こうした波紋を描きながら、平相を呑み込んだ住銀はスタートし、徳間はその貯金箱を失った。

のちに『アサヒ芸能』の編集長となる加藤博之は入社二年目の時に徳間に呼ばれ、

「お前、代議士の秘書にならんか?」

と言われた、と回想する。

選挙参謀として采配を振った小宮山重四郎が落選したのは、いい秘書がいなかったからだと思った徳間は、加藤にそう尋ねたのである。

「わかりました。やりましょう」

と一度は答えた加藤だったが、それから三日三晩、悶々《もんもん》として眠れぬ夜を過ごし、

一週間後、徳間に会って、

「ありがたい話でいったんはお受けしましたが、やはり編集者への夢は捨てきれません」

と断った。

「そうか、わかった。君がそう言うなら仕方がない。誰か川越近辺でいないか？」

と徳間は改めて尋ねた。それで加藤は川越高校の同級生で埼玉新聞に勤めていた長尾武を推薦し、長尾が重四郎の秘書となる。次の選挙から当選を重ねた重四郎は郵政大臣にもなった。

## 反骨の傑物、松前重義との縁

小宮山英蔵も怪物だったが、松前重義は怪物的傑物だった。徳間は怪物的要素をもった人間とのつきあいが多い。もちろん、徳間にも十分にその要素があったからである。自らを清濁ならぬ濁々併せ呑むと評した徳間以上に闇の世界とも深く交わりながら、なお庶民派政治家としての人気を失わなかった河野一郎も怪物的傑物である。官僚出身者に対抗する党人派のスターは、田中角栄が登場するまでは河野だった。

徳間書店の宣伝部長だった和田豊は、徳間にとって河野は、朝日新聞記者から政治家になったという意味で、自分のたどる一つのコースを示唆する存在だった、と語る。徳間もまた、緒方竹虎や河野のように、新聞記者から政治家への道を考えていたことがある、というのである。

それを思えば、『河野一郎自伝』が徳間書店から出るのは必然だった。著者が河野で、発行者が徳間、そして編者が伝記刊行委員会のその本は一九六五年一〇月三〇日に出ている。

河野は同年の七月八日に六七歳で亡くなったから、没後まもなくである。

「あとがき」を引いておこう。

「本書のなりたちは河野一郎氏が口述した話の筆録部分をもとに、生前由縁《ゆかり》のあった人たちの談話、各種資料を按排《あんばい》して、構成したものである。

しかし、石橋（湛山）内閣成立以降、安保条約改定、新党問題等、戦後史の重要場面については、河野氏の突然の物故により、口述の中止を余儀なくされた。したがって、自叙伝の内容は、日ソ交渉までにとどまり、完璧を期し得なかった。これは編者としても、不測の事態であった。

なお、本書の談話取材については、徳間書店編集部の吉田光男、栃窪《とちくぼ》宏男《ひろお》が当り、全体の構成、筆録は栃窪が担当した。また、いっさいのアレンジについては、自民党代議士藤尾正行氏にご面倒願った。（伝記刊行委員会）」

さて、松前重義である。

河野より三歳下の松前は一九〇一年一〇月二四日、熊本に生まれている。中学、高校時代は柔道で鳴らし、東北帝大工学部電気工学科に学んだ。卒業後は逓信省に入り、内村鑑三に傾倒して、その著『デンマルク国の話』に感銘を受ける。

松前の『松前重義わが昭和史』（朝日新聞社）で、松前の長男、達郎の妻、節子が、義母の信子は、義父の重義からプロポーズされた時、

「結納の代わりだ」

松前重義

と言って聖書を渡されたそうです、と証言している。

「家のお父さんは武骨な人だから」

と言いながら、信子はその聖書をとても大切にして繰り返し読んでいたとか。

松前は前掲書で「デンマークの宗教思想家グルン

トウィヒの存在を知ったことが、その後の私の人生の方向を決めることになった」とし、その理由をこう語っている。

一八六四年にデンマークはプロシャ、オーストリアと争って敗れ、肥沃な南部二州を奪われた。残された土地は荒地と離島群で、民心は荒廃し、デカダンスな空気に包まれた。

『デンマルク国の話』によれば、その時、ダルガス父子の信仰と植林事業によって、自然はよみがえり、敗戦国デンマークは見事に復興したが、その基盤をつくったのがグルントトウィヒが創始した「国民高等学校」の教育だったという。グルントトウィヒは、精神の自立を重視した全人的教育を基礎とする協同主義的な農業振興が必要だと考え、各地に私塾的な国民高等学校をつくり、農村青年の教育を行なったのである。それが協同組合に基く酪農振興の道を開いた。

一九三七年に松前が東京の三鷹に開いた望星学塾は、もちろんその影響を受けている。

そんな松前の運命が暗転するのは一九四一年の東条英機内閣発足を機としてである。

松前自身が認めているように、技術者だった松前は、東条に楯突くような立場にはいなかった。しかし、一九四〇年に大政翼賛会の総務部長を引き受けたことで、政治に巻き込まれていく。松前によれば、大政翼賛会は結成当初は「国民全体の盛り上がる政治力を結集して、亡国の道を突進する軍部の独裁政治を食い止め、日本の進路を正常たらしめる理想と意図をもって発足した国民連合体」だった。ところが、その後、まさに「亡国の道を突進する軍部の独裁政治」を盛り上げるものとなってしまう。

その過程で、松前は東条の腹心の武藤章《あきら》（陸軍省軍務局長）から呼びつけられて脅された。

翼賛会の各地方組織の支部長を民間人にしようとした松前に武藤は、

「いまや非常時である。民間人など命令に服従させておけばよいのだ」

と言い放つ。

「冗談じゃない。国民の国を愛する気持ちが下から盛り上がってこそ、国威も発揚できる。上からの統制だけでは、翼賛会は政府の御用団体に陥るだけだ」

と松前が反論すると、武藤は、

「何を言うか。君は赤か、国民の勝手な声など聞く必要はない。われわれに反対する赤はひっくくってしまうんだ」

と怒鳴った。

それでも松前は怯まず、

「軍内部の統制についてはいざ知らず、こと大政翼賛会に口出しする権限は、あなたにはない」

と言い返して、席を立った。

とたんに松前は赤だという噂が広がって、松前は憲兵や特高から監視されるようになる。その後もいろいろあって、結局、事務局全員が総裁の近衛文麿から辞職命令を受け、松前も辞職した。一九四一年の三月である。

その年の一二月に松前は逓信省の工務局長となり、海軍省軍務局に依頼されて、生産力調査グループをつくる。そして、海軍軍令部総長の永野修身《おさみ》が主宰する会議で、次の三点をポイントとする講演をした。

一、東条内閣の発表する軍需生産計画は、内閣のでたらめな宣伝で、欺瞞に満ちている。

二、このままの生産体制では、東条首相がいくら必勝の信念を唱えても、戦争の将来は、惨憺《さんたん》たる滅亡が待っている。

三、東条内閣の施策は、非科学的である。木炭と鉄鉱石によって、鉄を造るごとき

　国策を定めるのは、言語道断である。

この報告が東条の耳に入り、松前は目の敵にされるようになる。

この会には、当時、海軍軍令部員だった高松宮も出ていて、

「本当のことを聞きたいから、今晩うちにこい」

と松前が呼ばれ、二晩ほど通って進講したという。熱心に聞いている高松宮に、松前は思い切って、

「ご勉強も結構ですが、天皇陛下にお会いできるのは殿下だけです。重臣たちは憲兵に監視されていて、陛下に近づけません。殿下どうぞ、私の報告内容を天皇に上奏されて、東条内閣を倒し、新内閣の手でしかるべき和平工作をやりませんと、日本は大変なことになりましょう」

　と打ち明け、お願いをした。

「その通りだ」

　と高松宮も言い、天皇に上奏したらしい。

　天皇は、その前に松前が秘書官を通じて資料を渡していた内大臣の木戸幸一を呼び、東条を見限っていく。

しかし、残念ながら、松前は東条によって強引に懲罰召集にかけられた。陸軍二等兵として南方戦線に送られることになったのである。敗色すでに濃い一九四四年夏だった。天皇の勅許なしには召集できない勅任官の松前への報復である。松前はこの時四二歳。

東条内閣は七月一八日に瓦解するが、その前に何が何でも松前への召集を強行しようとしたのだった。

松前は「内閣打倒の根回し工作を密かに探って、中野正剛氏を自決に追い込んだ東条首相は、やはり東条内閣のもう一人の倒閣運動家であったこの私を、一介の陸軍二等兵として死地に追いやることによって、完全に抹殺を図ろうとしたのだ」と述懐している。

その後も東条は執念深く松前を「抹殺」しようとしたが、松前は奇跡的に生還した。この間のドラマは松前の著書『二等兵記』を素材にした新国劇「嵐を行く」で上演された。松前に扮したのは島田正吾である。

少し時間を戻すが、召集される前、生産力研究を基に松前が書いた『戦時生産論』が売れ、思いがけない額の印税が入ったので、箱根の旅館を借り切って、仲間と合宿をした。

その時、松前と海軍嘱託の天川勇《あまかわいさむ》がチフスにかかって倒れた。これはおかしいと二人で考えて、海軍の幹部と会食したことを思い出した。陸軍と海軍はもう敵視するほど険悪な仲だったから、これはてっきり菌を盛られたに違いない、と顔を見合わせたという。

チフスで入院していた時、東方会総裁で代議士だった中野正剛が見舞いに来た。中野は、松前が大政翼賛会の総務部長を辞めた直後にやって来て、

「東方会の幹事長をやってくれないか」

と頼み、松前が丁重に断って以来の仲だった。

見舞いに来た時も、激しく東条を批判し、

「宇垣一成《うがきかずしげ》予備役陸軍大将を首班とする内閣をつくるので、協力しろ」

と松前に言った。

そんな松前と徳間はどうして知り合ったのか？　第二章第二節「真善美社専務取締役」で書いたが、同社の社長、中野達彦は早大時代からの友人であり、中野正剛の息子である。その縁と考えて間違いはないだろう。

## 対外文化協会副会長

東条英機から懲罰召集にかけられた松前重義は一九四五年五月一九日に召集解除通知を受け、技術院参技官となる。南方戦線からの、まさに九死に一生を得ての帰還だった。

そして、八月六日の広島への原爆投下に遭遇する。科学技術についての総力を発揮して、その刷新向上を図り、とくに航空技術の振興をめざすという触れ込みでスタートした技術院では、早速、当時は新型爆弾と称した原爆の調査委員会をつくり、松前は広島被爆調査団長に任命されて、八月八日、広島入りした。

その惨状を調査した資料を抱えて一〇日に帰京すると、内閣情報局次長の久富達夫《ひさとみ》が、原爆かどうかを尋ねる。

「間違いなく原爆だ」

と答えると、久富は、

「午後から陸海軍と関係官庁の連絡会議を開くことになっている。出席者の中には広島の爆弾は原爆ではないと主張するものや、たとえ原爆でも防御法があるから、戦争は継続すべしと主張するものもいる。そこで、広島に落ちた爆弾が原爆であることを、技術的立場に立って報告してもらいたい」

と松前に頼んだ。

それで松前は会議で、

「広島の爆弾は原爆である。その破壊力は、これまでの常識では考えられないほど巨大なものだ。広島の惨状は言語に絶する」

と説明した。原爆の放射線の特性や残存放射能などの調査結果を加えてである。

それを聞いて久富が、緊張を面に表して、

「この事実は閣議に報告する」

と会議を締めくくった。

それから松前が首相官邸の一室で、詳細な調査報告書をまとめていると、青年将校二人が踏み込んで来て、

「広島に投下された爆弾は、新型爆弾だと書け。言うことを聞かないと斬るぞ」

と脅した。

松前は屈してなるものかと思い、いざとなれば柔道の技で投げとばしてやろうと身構えながら、腹にぐっと力を入れ、

「私は科学者だ。調査してきたありのままの被爆実相を報告する。君たちもこんなところにやってくる暇があるなら、広島へ行って被爆の実情を見てこい」

と一喝した。

すると、青年将校の一人が、

「貴様っ」

と叫んで、軍刀の柄《つか》に手をかけた。

しかし、もう一人の将校が、

「おい、やめとけ」

と止め、危機は去った。

二人が帰った後、松前が書き終えた報告書は、鈴木貫太郎内閣の閣議に提出され、大日本帝国が無条件降伏を受け入れる重要な資料となったのである。

戦後すぐ、松前は逓信院総裁に就任したが、一年足らずで辞任し、一九四六年には公職追放を受けた。

逓信院総裁となるについては東久邇《ひがしくに》稔彦《なるひこ》内閣の内閣書記官長（現在の内閣官房長官）だった緒方竹虎が介在している。

敗戦二日後の八月一七日に松前は緒方から突然、呼び出しを受け、

「情報局総裁をやってくれないか」

と依頼される。

しかし、情報局は当時の外務官僚と内務官僚出身者で固められていて、逓信省の技官出身の松前が就任しても、うまくいくはずがない。

「手足になる人がいないから」

と言って辞退すると、翌日、

「では、逓信院総裁をやってくれ」

と言われた。松前は先輩の梶井剛《たけし》を推薦したが、緒方は、

「君は東条内閣に反対、戦争の早期和平を主張して、二等兵として死地に送られた。この経歴が、複雑で困難な米軍の占領下で、終戦処理を進めるうえで大きな力となる」

と言って譲らない。

「それほどまで言われるなら」

と緒方の熱意にほだされて松前は引き受けた。

盟友の中野正剛を東条に殺された緒方にとって、中野と同じく身体を張って東条に抵抗した松前は、中野の弟とも言うべき存在だった。言うまでもなく、緒方は徳間が私淑し、惚れ込んだ人物である。

松前は前掲書で、

「占領下の米軍の対日行政がいかなるものであったか」について、ある逸話を披露している。

九月二日に、東京湾上の米戦艦ミズーリ号上で、日本が無条件降伏の文書に調印した三日後の五日、横浜税関に置かれたGHQから、日本政府に対して情報局総裁と逓信院総裁の出頭を求めてきた。情報局総裁を兼務していた緒方と松前が赴くと、会議室には総参謀長のミューラー以下が並んでいて、ミューラーが緒方に、

「日本政府は新聞、ラジオ、雑誌の検閲についてどう思うか」

と尋ねる。緒方が、

「民主主義の原則は言論の自由にある。検閲によって、国民から言論の自由を奪って

はならない」

　と答えた。すると、末席にいた将校が、

「日本政府は検閲に反対なのか」

　と叫んだ。緒方は憮然として、

「日本は無条件降伏した。連合軍の命令なら聞かねばならない」

　と言った。

　次にミューラーが松前に、

「郵便、電信、電話の検閲はどう思うか」

　と尋ねる。

　無念の思いで松前は、

「日本は無条件降伏した以上、占領軍の意思に従わざるを得ない」

　と答えた。

　それを聞いて、緒方を怒鳴りつけた将校が、

「ベリー・グッド」

　と言った。

二人で唇を嚙みしめながら帰って来たが、翌六日早朝、占領軍は緒方を戦犯として逮捕したのである。

「私は戦時中の東条内閣とは別の意味で、占領軍に対して強い憤りを覚えた」と松前は書いている。

逓信院総裁としては、郵便配達員等、従業員の給与を三倍に引き上げ、同時に、郵便、電信、電話料金も三倍に値上げしたので、公職追放の実務が占領軍から日本政府に任された途端、追放の指定を受けたのである。

「松前は何をしでかすか分からない」と警戒されたのだろう。

追放解除後、東海大学の再建に尽くした松前は、ＦＭ東海の免許問題では国を相手取って訴訟を起こしたりもしている。

そして、「誤れる政治は国を滅ぼす」と、一九五二年の衆議院選に熊本一区から無所属で立候補し、当選を果たして、熱心なクリスチャンだった河上丈太郎が委員長の右派社会党に入った。その後、「新しい日本を考える会」をつくって会長となり、社会党の右派と公明党、民社党が連合して中道革新政権の成立をめざしたが、挫折する。社会党の江田三郎をかつごうとしたので「社公民」ならぬ「江公民」とも言われたのである。

その過程で、「日本対外文化協会」、略して対文協が設立される。

胎動は一九六四年秋に始まった。

社会党教育宣伝局長の松本七郎が松前を訪ねて来て、こう切り出したのである。

「実は、河上丈太郎委員長の意向なのだが、ソ連・東欧の社会主義諸国との学術・文化交流を幅広く進める組織をつくりたいので、その代表を引き受けてもらえないだろうか」

以前から松前もそう思っていたので、即座に承知し、河上に会って、

「この団体は私の創意でつくらせてもらいます。しかし、応援をして下さい」

と頼んで、了承を得た。

この民間機関の設立総会は一九六六年一月一〇日に開かれ、会長に松前、副会長に徳間、そして理事長に松本七郎が就任した。以来、対文協は松前が民間外交を展開する上での重要な足場となっていくが、それは徳間にとっても同じだった。それだけでなく、日本にとっても重要な役割を果たしていたと、作家で元西武セゾングループ代表の堤清二が証言している。堤によれば、対文協の斡旋で、ソ連文化省との間で五ヵ

年の交流協定を結ぶために訪ソすることになり、首相だった大平正芳の家に挨拶に行ったら、大平が、

「政府が対ソ関係で動けないときに、松前さんがよくやってくれて、非常に助かっている」

と感謝の言葉を述べたという。

そして堤は松前を、「保守」か「革新」か、という色分けがいかに非生産的かを体現する人物だ、と評している。レッテル貼りが横行する日本で、松前はそれを超える稀有な存在だというのだが、この評はそのまま徳間にも当てはまるだろう。

一九九一年に松前が亡くなり、東西冷戦も終結してソ連邦が解体し、対文協の使命も終わったのではないかという意見が出た時、徳間は、松前の理念に思いを致して新しい国際交流のあり方を探求すべきだ、と悲観論を一蹴し、存続を強く主張した。

そんな徳間を対文協の会長にという話が持ち上がる。その総会を前にした一九九三年五月のある日、徳間は突然、松前の息子の達郎を訪ね、こう言った。

「私を次期会長に推すという話があるが、私はオヤジさんを師と仰ぎ、尊敬している。重義会長の意志を一番理解しているのはあなたなのだから、これまで通り続けな

さい。私は協力を惜しみません」

## 大映に響く徳間ラッパ

東京は池上の本門寺。ロッキード事件の児玉誉士夫が鐘楼を寄進していたことで有名になったが、日蓮宗の本山の一つであり、児玉の墓の向かい側に永田雅一家先祖の墓、少し離れて河野一郎と大野伴睦の墓がある。政商の萩原吉太郎家の墓もあって、児玉をめぐる人々は勢揃いという感じなのだが、徳間との関係で言えば、永田雅一と河野一郎がクローズアップされる。

それはともかく、ここに映画監督の溝口健二の墓もあることはあまり知られていない。

弟子の新藤兼人《しんどうかねと》は『ある映画監督』（岩波新書）で「権力にさわってみたい俗気と、こいつにさわれば火傷するという、身にしみた警戒心は、つねに溝口健二のなかで激しい葛藤を巻きおこしていた。悔恨と巻き返しはめまぐるしく反復する」と書いているが、一九五三年夏、『雨月物語』をもって溝口がベニス映画祭に出席した時、集合時間になってもホテルのロビーに降りてこない溝口を、同行した田中絹代が迎えに行ったら、溝口は壁に日蓮上人の御軸をかけ、香を焚いて拝んでいたという。溝口も日蓮の徒だったのである。

活動キネマと称した映画会には、〝勘当キネマ〟といわれたほど、世間のもてあまし者が集《つど》っていた。風狂の徒というか、規格外の人間たちが巣くっていたのだが、徳間はその一つの大映を引き受けることになってしまう。

前記の『雨月物語』や黒澤明の『羅生門』で国際的にも知られた大映は、〝永田ラッパ〟の永田雅一が長く社長をやっていた。しかし、映画もピークを過ぎ、一九七一年暮れに倒産する。

当時の従業員は約一〇〇〇人。三五〇人の組合員がいて、委員長は監督の山本薩夫《さつお》の次男、洋《よう》だった。その後、いろいろ再建策が練られ、七四年に徳間は社長となる。新しい大映の出資者には平和相互銀行会長の小宮山英蔵や江戸川農協会長の宇田川《うたがわ》嘉一郎《いちろう》がいた。

徳間と会って、山本洋は、この人なら大映を再建させられるのではないかと思った。徳間も、

「俺は映画は素人だけれど、映画は絶対に必要なものだ。だから命を懸けてつくっていくよ」

と言っていたからである。

金澤誠の『徳間康快』によれば、徳間大映の発足の日、社員総会で徳間はこう述べたという。

「映画を愛し、不屈に闘ってこられたみなさんの熱意は、必ず新社を再建する力になると確信した。何よりも生活権の確保が大前提だ。私は映画屋ではないので、新社が軌道に乗ったら、外からでも、あるいは諸君の中からでも、よりふさわしい経営者にバトンタッチしたほうがいいかもしれない。私の能力、徳間事業団の力量にも限界があるが、引き受けたからには全力を尽くしたい。会社があって組合ができるのが普通だが、逆に組合があって、その後から会社ができ、経営者が決まるというのも例がない。金融事情は大変厳しいが、組合の協力を得て、新社を必ずや軌道に乗せたい」

山本（右）の案内で大映東京撮影所を視察

〝永田ラッパ〟に代わる〝徳間ラッパ〟の登場だった。徳間書店から大映に派遣された加藤博之は、不動産を処分しても残った永田時代の負債七二億円について、徳間から、

「加藤君、一年で返せるだろう」

と真顔で言われたという。

「いや、それは無理ですよ。一〇年待って下さい」

と加藤は答えた。

徳間は大映再建のために何年かに一本の大作を考えていた。それと年間三、四本の作品を組み合わせることを企図していたのである。

その大作として想定していたのが井上靖の『敦煌』と司馬遼太郎の『坂の上の雲』だった。そして、できれば、この構想を再スタートと同時にマスコミ発表しようとしていた。

しかし、自ら交渉に当たった徳間に司馬は、

「自分はそういうつもりで書いたのではないが、あれを映画化すると軍国主義の讃歌になってしまう」

と断った。監督に山本薩夫を予定していると言ったのだが、司馬は、

「山本監督でも映画化は許可できない。私は遺書に書いてでも、これは映像にさせない」

と強硬だった。

『敦煌』については、小林正樹《まさき》を監督として企画を進めていたのだが、すでに映画化権を持っている人がいて、諦めざるをえなかった。

最初から、大きな花火が二つ不発に終わったのである。それで、第一作は三國連太郎や栗原小巻が登場する『わが青春のとき』となった。第二作が石川達三原作の『金環蝕』。監督は山本薩夫だった。

『わが青春のとき』で主役を演じた栗原は、

「小巻ちゃん、日本映画の復興だ」

と徳間に力強い言葉をかけてもらったと、『徳間康快追悼集』で回想している。

徳間の現場への関わりについて、前記の山本洋がこう語る。

「この頃は組合の『経営委員会』と『企画・製作委員会』の両方が企画を出して、意見が一致すると製作が決定していました。徳間さんは不思議な人で、作品の内容に関

してはほとんど口を出さないんです。それは晩年まで変わらなかったですね」

しかし、経営危機は続く。

徳間は山本を呼び、

「もう手を引く」

と伝えた。

それで、一緒に行っていた組合の書記長と共に山本が、

「わかりました。後は私どもがやりますから」

と答えると、徳間は、

「バカヤロー、本気で言っているのか。お前たちがやったら、俺がぶっ潰してやるよ」

と怒った。

「ということは、社長、やる気はあるんですね？」

と山本が踏み込む。

「当たり前だ」

と徳間が返した。

「それまで組合との交渉の場でも、あんなしゃべり方はしなかったですから、何か、男の意地みたいなことで続けると言ってしまった感じでした」

『徳間康快』で山本は当時を、こう振り返っている。

確かに手放して楽になりたかった気持ちも強かっただろう。しかし、口に出した後で、やはり手放せないと思い返す気持ちも強かった。

徳間は直立不動で立っているのではない。いわば屏風のように曲がって立っている。揺れながら立っている。それがまた徳間の魅力だった。直線を歩むのではなく、曲線を歩むのである。

第三作目は西村寿行原作の『君よ憤怒の河を渉れ』だった。監督は佐藤純彌《じゅんや》。

この映画には、冤罪をかけられた高倉健演ずる主人公を助けるために、中野良子《りょうこ》演ずるヒロインが乗った馬が新宿の歌舞伎町を暴走する場面がある。東京都の条例では禁止されていて、撮影をするには特別の許可が必要だったが、徳間がその許可を取った。

この映画は、とりわけ中国で評判となり、高倉健や中野良子は日本での人気をしのぐ人気を獲得する。中野は役名の真由美で、いまも中国の国民に親しまれている。

監督の佐藤純彌は『徳間康快追悼集』で黒澤明と徳間康快を重ねる。

「監督とは、スタッフ、キャストを踊らす立場であって、自分が踊ってはいけない」

かつて佐藤は黒澤にこう教えられたという。しかし、撮影現場での黒澤は、自ら先頭に立って踊って、スタッフ、キャストを踊らせた。スタッフやキャストの踊りが物足りないと思えば、さらに激しく踊って、彼らを踊らせるのが常だった。

徳間もまた、自ら先頭に立って踊る人であり、それは仕事の場でも座興の場でも変わらなかったが、ある時、徳間と二人になった佐藤はこう言われた。

「毎朝一時間、私は、座禅の姿勢で、昨日したこと全てを検証し、そして今日することの全てを検証するんだ」

孤独なるが故にみんなと踊り、さらに孤独感を深めて一人になる。究極の人間好きで、究極の人間嫌いが徳間康快という男だった。

そして佐藤は徳間について「共に踊らぬ者に対しての態度は峻厳《しゅんげん》だった」と書く。社内の会議では定刻が来るとドアを閉め、一分でも遅刻した者は入室させなかったとか。

中国との合作映画『未完の対局』のシナリオづくりが難航し、討論の果てに佐藤と中国側が協力して書き上げたシナリオに興行的に不安があると日本側から注文がつき、別に提示されたシナリオには中国側から不満が出て、合作はできない雲行きとなった。その時点で徳間が日本から中国に飛んで来て、中国側の責任者と会った時、日本側の関係者をホテルの一室に集めて痛言した。

「この映画に関しては、興行成績など問題ではない。合作することにこそ意味がある。だから中国側が合意したシナリオで製作を続けようと決心した。反対の者は、今から直ちに日本に帰りなさい」

中国への徳間の強烈な愛が遮られた逸話を佐藤は記す。東京国際映画祭のゼネラルプロデューサーとなった徳間は、一九九三年に中国から出品された『青い凧』と、九七年の招待作品『セブン・イヤーズ・イン・チベット』が中国政府の忌諱《きき》に触れ、上映中止の要請が来た時、それを断った。

以後、中国映画当局は徳間に対して門戸を閉ざす。ある時、徳間は佐藤に「中国はもういいよ」と見たこともない寂しそうな顔で言ったという。

## つねに崖っぷちで生きる

「怪物とは一定の外的刺激に対して、その反応を予期することのできない人間」で、「馬鹿では怪物になれないが、利口すぎてもいけない」と喝破したのは大宅《おおや》壮一《そういち》である。

難破船の『東京タイムズ』を引き受け、『大映』という火中の栗を拾った徳間はその向こう見ず故に怪物といわれた。

そして、『週刊朝日』一九七四年九月一三日号の「ひと」欄で、コラムニストの青木雨彦《あめひこ》に、その波乱の生涯を『大映』で映画化するとしたら、と問われ、

「そうだなあ。原作は友人の梶山季之くんに書いてもらう。シナリオは花登筐《はなとこばこ》さんにお願いして……」

と言って、一拍おき、

「ウーン、主演はショーケンだなあ。若いときのオレは、ぜひ、萩原健一にやってもらいたい。新潟の百姓の子に生まれて、オレは苦労したからなあ」

と答えている。

「つねに崖っぷちで生きる」が徳間の人生哲学だった。

それを目の当たりにした銀座の文壇バー「魔里」のママ、大久保マリ子が語る。

「魔里」の壁には、

「いつまでも野菊の如くあれ

梶山季之

まりこ様

」

という色紙が掲げてある。

二〇一二年の四月二〇日に「魔里の50周年を祝う会」が開かれ、渡辺淳一がこんなスピーチをした。

「今日はマリちゃんに謝りに来ました」

と切り出した渡辺は、

「梶山が死んでからセックスしてないの。センセイ、して頂戴」

と言われたのに、約束を果たしていないことを詫び、

「今度発情したら連絡します」

と結んだとか。

そのママが梶山や徳間と一緒にサンフランシスコに行ったのは一九六九年。紀伊國屋書店が現地法人の「キノクニヤ・ブックストアズ・オブ・アメリカ」を設立し、記念のお祝いの会のためだった。

紀伊國屋書店の創業者で名物社長、田辺茂一《もいち》は年間一〇億円くらいを夜毎の飲み歩きに使っていたが、番頭役だった松原治に私が『俳句界』の対談で会った時、松原はこんな打ち明け話をしてくれた。

時を同じくしてパンナムが東京航路を開通させたので、松原はパンナムの支社長に、

「そちらも日本に初の航路ができ、うちもアメリカに初の出店ができた。互いの祝いとして、ものは相談だが、三〇人ほど無料で乗せてくれないか？」

と無理を承知で持ちかけた。

すると、驚いたことに、即答で、

「ＯＫ！」

である。

ただ、どういう人たちが乗るか、と聞かれたので、文士もいれば学者もいる、と答えた。

ところが、この商談成立を田辺にすると、

「その券を五枚だけぼくにくれ」

と言われた。

「銀座のバーのマダムを連れて行きたい」

と続けられて松原は唖然とした。

それで、「魔里」のママは、「眉」や「数寄屋橋」などのママと共に出かけたのである。徳間は文藝春秋の社長だった池島信平《いけじましんぺい》や作家の柴田錬三郎、そして、落語家の立川談志と一緒にそのメンバーとなった。

「魔里」のママの大久保マリ子がいまだに忘れられないと興奮の面持ちで話してくれたのはその時の一場面。

柴錬、梶山、それに徳間たちがラスベガスに乗り込み、ルーレット場を借り切った形で一日半、一睡もせずにバクチに狂じたという。

ホテル代だけを残して賭けに賭けたのだが、ある瞬間から、徳間がつきだした。家

一軒買えるほどにチップがたまって、マリ子は、

「徳間さん、もう、やめようよ」

と口まで出かかった。

しかし、徳間はやめようとしない。

そうこうしている間に、ベテランらしい白髪のディーラーが現われ、山のようにたまっていた徳間のチップは跡形もなくなった。ものの一〇分もかからなかっただろう。

「ホテル代はいりません。キャデラックが待っています。空港まで送ります」

こうして送り出されたのと、あれだけ儲かっていたのに途中でやめる気配を見せなかった徳間に、マリ子は強烈な印象を受けた。

思い切りがいいというか、やはり、「つねに崖っぷちで生きる」を通したかったのだろう。

毎日のように「魔里」に来ていた徳間について、彼女は、

「怒った顔を見たことがない」

と語る。梶山は、

「とにかくクソ度胸のある快男児だ」

　と言っているが、田辺茂一は、

「ひとことでいえば、一見豪快、実は……やっぱり豪快な男。いままでの苦労を抜け出して、いまや百花斉放といったところだな」

　という証言を残している。

　但し、これは一九七二年当時のことで、徳間はまだ、『東タイ』も『大映』も抱えていなかった。その三年前のサンフランシスコ行きについては、立川談志も『酔人・田辺茂一伝』（講談社）に書いている。

　田辺が〝世界の紀伊國屋〟になったと自慢したサンフランシスコ支店の開店式のデモンストレーションというか、セレモニーに出かけた人は、立川談志によれば「吉行（淳之介）さんは行ったかな、安岡章太郎がいたぜ。コンケイ（近藤啓太郎）さんはどうかな。梶山先生はいたね。戸川昌子、丸谷才一、團伊玖磨《だんいくま》、秋山庄太郎、藤島泰輔《たいすけ》、徳間康快」となる。談志はこの本で「田辺先生は誰よりも誰よりも梶山季之が好きだった。その梶さん、あのメガネの奥でいつもニコ〳〵笑ってて、梶さんの怒ったのを知らない」と評しているが、談志の梶山評は、奇しくも、大久保マリ子の徳間評と一致する。

晩年に「俺は睾丸《キンタマ》が大きいから一二〇歳までは生きるといわれた」などと言っていた田辺茂一が亡くなった時の項にも徳間が出てくる。

「各新聞、雑誌それぞれに、田辺さんの想い出が載り……。夜の顔、昼の顔、駄洒落、梶さんとのこと、その業績、etc、あったが、どれもこれも、〝惜しい人を故人にした〟程度のものとしか思えない。徳間康快氏の『梶山季之が死んでから、田辺さんは淋しそうだった……』だけが本当に思えただけだった」

そして談志は、「恋の季節」の替え唄の「茂一の季節」を泣きながら歌ったと続ける。

〽忘れられないの　茂一のことが
赤いシャツ着てサ　シェド帽かぶってサ
わたしは夢中で　茂一のあとを
追いかけ泣いたの　わけもないのに

恋は、茂一の恋は
銀座を染めて　燃えたの
夜明けまで踊る　茂一と踊る
緑のネクタイの　茂一の季節よ

こうした男たちに囲まれて徳間は生きていた。一般的基準から言えば、奇人、変人である。その一人の笹沢左保が『サンデー毎日』の一九八三年一二月一八日号で、徳間に女を語らせている。

前節で書いたように、のちに中国から冷たくされただけに、徳間が冒頭で、

「私は（中国に）四九回行ってます」

と打ち明けているのが痛ましい。

中国の桂林は狸料理で有名で、松坂慶子や三田佳子を連れて行った時、それをごちそうして、

「あなた方、自分を食べてるみたいな感じでしょ？」

と言ったら、二人ともにとても怒ったとか。

また、栗原小巻や吉永小百合を上海に連れて行った時には一万人ぐらいの人が集まって来たので、

「何を隠そう、俺は高倉健だ」

と言った。高倉健は中国で大人気だからである。すると、

「嘘つけーッ」

と否定され、

「お前は映画に出てくる悪い警察署長だろう！」

とゲラゲラ笑われてしまった。

そして、笹沢左保の「ニヒルに迫る」の結びが女論となる。徳間は、女はどうしてああも男の欠点が目につくのかと嘆き、自分も、

「あれしちゃいけない、これしちゃいけない、飲み過ぎちゃいけない」

と年がら年中言われるので、

「その文句をテープにとっておいてくれ、それを車の中で聞くから」

と返したら、また怒られたとか。

「男っていうのは、女の視線をずっと意識しながら生きていくんですよ。それで、ど

この角を曲がろうかな、なんてことをいつも考えてんですね。早く曲がっちゃおうかな、あそこで曲がればまだついてくるな……。よし、もう一つ先の曲がり角ならどうだ、きっと、まだ見ていてくれるに違いない、と考える。ところが実際は、もう誰も見てくれていない。悲しいね、こんなのは、アハハハハハ。おまけに、角を曲がった途端に池かなんかにドボンッ！　と落っこっちゃったりしてね」

　こう述懐して対談の場を去った徳間が、一、二分後、

「どうも、どうもスミマセン」

　と言いながら戻って来た。

「ハハハッ、財布を忘れちまって……」

# 第五章　見果てぬ夢

## ダイアナ妃に出演交渉

徳間は突っ拍子もないことを考える人だった。しかし、徳間自身は大真面目にそう思い、実現できると考えて、そう口に出すのだった。

たとえば、ダイアナ妃の映画出演である。

一九九七年暮に公開された日中合作映画の『阿片戦争』にビクトリア女王役で出てもらおうと思って交渉したが、いいところまで行って実現しなかった。

「出演を依頼して、向こうもＯＫと言ってくれたんですからねえ。実現してたら『もののけ姫』以上のすごい反響になったでしょう」

徳間は『週刊読売』の一九九七年九月二一日号でこう語っている。そして、

「日中国交正常化25周年だし、香港返還の年である今年、封切れるようにと一昨年、謝晋《シエチン》監督から映画製作の話が持ちかけられました。そこで私は、どうせなら大きな仕掛けとして、ダイアナさんにビクトリア女王役で出てもらおうと考えたんです」

と続けている。

交渉は、王室と比較的近いところにいた映画配給会社UIP会長、マイケル・ウィリアムズ・ジョーンズを通じてやっていたが、二億円のギャラを出す用意があると伝えると、ダイアナ側は、

「2億円を受けとることはできませんが、私は、英国のエイズ基金の代表を務めていますから、そちらに寄付していただきたい」

と返答してきたという。

「ああ、ずいぶん立派な方だなと私は思いましたよ。それで、どんどん映画の準備を進め、ダイアナさんの部分だけを残して映画を撮ってしまった。脚本もあえて史実を変え、ビクトリア女王が阿片を中国に売ることに反対していたことにして、ダイアナさんや王室の抵抗感を和らげたんです。

ところがやっぱり、離婚が成立してからでないと王室が許してくれない、という話になりまして、もうスケジュールが間に合わなかった。結果的にいえば、私は金星をあげ損なったというわけです」

こう嘆く徳間は、

「私は実際にお会いしたことはないけれど、実に絵になる、チャーミングな方でしたね。本当に惜しいことでした」

と残念がっている。

予定していたのは、当時の英国の首相と外相が宮殿を訪れ、ビクトリア女王が、宣戦布告についての進言を受けるというシーンだった。

徳間は大映の社長になって一五年目の一九八八年の『キネマ旬報』四月一五日号のインタビューでは、大映の社長を引き受けた動機として菊池寛《かん》を引っ張り出している。

「私が大映の社長になったのは、菊池寛が初代社長だったからなんです。私は菊池寛を尊敬してましたからね。『文藝春秋』の創立者が初代社長というので私は飛びついたんです。我々と同じジャーナリズムのオーソリティが初代社長をやって、永田雅

一、永田ラッパさんが2代目で、私が3代目だと。これは非常に興味があるし、やってみようと。

菊池寛がなぜ映画に興味を持ったのか。これはもしかしたら、私と同じ観点からだったかもしれない。活字と映像と音のからみというか、菊池寛という人は先見性のあった人だから、おそらくそういうことを考えていたのではないかと思うんです。これも、わたしが大映の社長になった一因でもあるんです」

確かに「一因」だったかもしれないが、菊池寛が初代社長だったから「飛びついた」という発言には、当時、組合の委員長として徳間に働きかけた山本洋らは苦笑せざるをえないだろう。徳間には自らをドラマ化する傾向が多分にある。あるいは大映社長となって、前社長の〝永田ラッパ〟を受け継いでしまったのかもしれない。

これから五年後の一九九三年に受けた同じ『キネマ旬報』三月一五日号のインタビューでは、徳間はその永田雅一について、こう語っている。

「永田ラッパさんとはね、何回も飲みましたよ。あの頃は『俺は破産した男だ。だから今日の勘定はトクさんのおごりだ』なんて言うので、こっちもだんだん安い店に替えたけれどね（笑）。そうしたらラッパさんが『いいか、大映の社長になってやるときは俺の失敗した轍を踏むな。自分が失敗した理由は三つある』と。『野球チームに金を出したこと。競馬に手を出したこと。それから労働組合なんてものを作る人間を相手にしちゃいかん。この三つは気をつけたほうがいい』と言うわけです。私は『まだあと三つぐらいあるんじゃないんですか。宗教、政治、女性』って言いましたら何だかワァワァわめいていたな（笑）。そんなことを話したことあるよ。あの人は面白い人物でしたからね。頭のいい、カンのいい、やっぱり超大物ですよ。あの時代の人物としては立派だな。スケールの大きい、規格ばなれした人だったと思いますね」

最後は多分に〝敗軍の将〟へのいたわりの世辞が入っていると見なければならないだろう。しかし、悪評の方が多い永田について、アラカンこと嵐寛寿郎《かんじゅうろう》はこんな遣り取りを経験していた。

竹中労著『鞍馬天狗のおじさんは』（七つ森書館）によれば、アラカンもプロダクションをつくったが、映画がサイレントからトーキーにかわるときで、うまくいかなくなった。そこに大映社長になる前の永田が登場し、解散費用と高給を出すから、お前だけ新興キネマに来い、と誘われた。

「従業員もいっしょにひきとってもらえまへんのか？」

とアラカンが尋ねる。

「あかんあかん、二者択一や」

と永田が答えた。

「へぇ、ほたらどっちかゆうことでおますな。ワテはよろしい、従業員ひきとってほし」

とアラカンは返し、永田は応じざるをえなかった。

「むつかしい言葉を使うものやおへんな。あの人これが悪いヘキや、二者択一やて」

とアラカンは笑っているが、しかし、ムカッとした永田から徹底的に干された。

それでも、永田を恨みはしないけれども、

「ただ役者脅したらゆうことをきくと、その考えだけあらためてほしい」とアラカンは言っている。

私など、「聞書アラカン一代」という副題の『鞍馬天狗のおじさんは』は、『福翁自伝』と並ぶくらいの名著だと思うが、以前は徳間文庫に入っていた。

「ワテは前から維新ものがやりたかった。アラカン何をゆうやらと嗤《わら》われるかも知らんが、詮ずるところ男のドラマは革命や。それとまあ、ニヒリズムでんな。たれよりも勇敢に闘うて、たれよりも無残に裏切られていく、そんな人間を演じてみたいと願うておりましたんや」

『鞍馬天狗のおじさんは』は、男のドラマが「革命とニヒリズム」にあることで共鳴したアラカンと竹中労の呼吸がピッタリ合った傑作だが、その二つは徳間康快にも濃厚にあった。常に新しいものを求め、何度失敗してもまた求めるが故のニヒリズムは徳間を離れなかった。その穴があるために、それを埋めようとして徳間はまたチャレンジしたのである。

五〇億円かけた『もののけ姫』について、最初はどういう計算だったのかと、作家の大下英治に問われて、徳間は、

「収支がトントンならいいと思っていたんです。僕はいつもトントンならいい、次回ができればそれでいいという式ですので」

と答えている（『潮』二〇〇〇年七月号）。

ということは、最初から海外のマーケットも考えていたのか？

徳間はその数年前からディズニーと組んでいて、世界への配給ルートがあった。

『Shall we ダンス?』も、海外で評判がよかったのである。

そして宮崎アニメは世界でも通用すると徳間は思っていた。

だいたい、『もののけ姫』は子ども向けのものではない。首が取れたり、手が切れたりする。それで、ディズニーは最初、

「あれではアメリカの子供は観ない。上映できない」

と言ってきた。そして、殺し合いとか、刀に血がついているところはすべて削ってくれ、と条件をつけてきたのである。

「冗談じゃない。じゃあ、もうディズニーとは組まない」

と徳間は返し、

「日本だって、観に来るのは大人ですよ」

と付け加えた。決裂覚悟の強談判《こわだんぱん》だった。

すると、ディズニー側が、

「原作のままでいいです」

と折れてきた。

「向こうの言いなりになっていると、日本の映画はズタズタにされますからね」

と徳間は息巻いている。

この過程でディズニーは、

「いきなり提携をやめると裁判になりますよ」

と言ってきたりしたが、

「ああ結構だ。一〇年でもやろうじゃないか。負けたら金は払う」

と徳間は一歩も退かなかった。

弱者を平等に扱い、救っていく『もののけ姫』の「共生」の思想に徳間自身が感応していたからである。

宮崎駿（右）と

「それから、スピード感があるでしょう。宮崎駿の画が先に行ったり、久石譲《ひさいしじょう》の音楽が先に行ったり、シーソーゲームみたいで」

と徳間の感想は熱い。これは観客動員数で『タイタニック』には及ばなかったが、『E.T.』を抜いた。

## 映画化しようとした『沈まぬ太陽』

二〇一二年六月のある雨の日、都内の小さなホテルの喫茶室で山本洋と会った。往年の大映労組委員長の黒かった髪も、いまや白髪である。徳間ジャパンの三浦光紀も一緒だった。

山本と三浦が、徳間が中国との太いパイプをつくるキー・パーソンとして挙げたのが森繁《しげる》である。

一九三二年に旧満州（現在の中国東北部）で生まれ、少年時代を彼の地で過ごした森は四五年の日本敗北によって両親と生き別れ、いわゆる中国残留孤児となる。その森を拉致して少年兵にしたのは国民党軍だった。しかし、一年後、森のいた部隊が中国人民解放軍に襲撃され、ほとんど全滅する。文字通り九死に一生を得た森は、解放軍に捕らわれて、今度は解放軍兵士となった。戦功も重ねた森は四九年からは解放軍の兵士として未開の原野を開拓する事業に従事する。そして、五一年に中国からの最後の引き揚げ船で日本に帰国したのだが、帰国後は転職に次ぐ転職を繰り返さざるをえなかった。ある貿易会社にいた時、徳間がその会社を買収し、七六年春から中国との仕事をするようになる。

その経歴から中国との人脈が深くて広い森は、徳間にとって欠かせない人物となっていくが、徳間にはこうした人間を引き寄せるフェロモンがあるらしい。森もまた、徳間と共にでなければ力を発揮できなかっただろう。

山本は二人の関係を、相寄る魂みたいなものだ、と語る。

徳間が森のためにつくったような東光《とうこう》徳間で働いていた田村祥子《しょうこ》が、金澤誠著『徳間康快』で、こう回想している。

「(中国)映画祭も最初はチケットが売れなかったですし、収支はズッと赤字でした。でも80年代後半から徐々に映画祭だけではなくて、普通の映画館でも中国映画を上映していただけるようになって、90年代初頭には多少商業的になってきました。徳間社長が偉いと思うのは、国際的にもまったく中国映画が評価されていなかった時代から作品を買って、日本で一般の人に見せようとされたことです。社長としては、中国とは付き合っていきたかったのです。最初はおそらく商売的にも大きな構想があったと思います。でも当時、日本映画を中国に売るときには、大体1万ドル足らずの買取で日本側には歩合収入がなく、例えば『君よ憤怒の河を渉れ』が何億人の人が観ても、製作した日本側は潤わないんですよ。そういうこともあって儲けようという意識は、徳間社長にはそれほどなかったと思います。でもそうやって中国との人脈を作ったことが、後に『未完の対局』や『敦煌』を中国と製作する時に役立ったわけです。中国とほとんど無償で長く付き合った社長のような人物がいたからこそ、日本で中国映画が観られる土壌が築けたのだと思います。森繁氏も私も、日本における中国映画のことは自分がやっているんだという、自負を持って仕事をしていました」

まさに、こうした土壌が耕されて、八二年に日中初の完全な合作映画『未完の対局』の製作となる。しかし、完成までの曲折は尋常なものではなかった。万里の長城のような困難の連鎖を打ち破らせたのは、やはり徳間の執念ともいうべき熱意である。

ここに南里《なんり》征典《せいてん》著『未完の対局』（徳間文庫）がある。一九八二年夏に発行されたこの文庫には「日中国交正常化10周年記念映画・完璧の小説化！」という惹句《じゃっく》がついている。そして、オビに「9月15日（祝）東宝洋画系大公開」とあり、三國連太郎、孫道臨《そんどうりん》、三田佳子、松坂慶子らの写真が載っている。

松波麟作《まつなみりんさく》と況易山《きようえきざん》という日本と中国の名棋士がおり、二人の黙契のもとに日本に引き取られた況の息子、阿明と、松波の娘、巴が愛するようになるが、戦争がこの愛を裂くというドラマだが、日比谷の映画館で上映された時、右翼によってスクリーンにスプレーがかけられるという事件が起こった。

徳間は動じなかったが、三浦によれば、右翼の方が困惑し、ある右翼は三浦に、

「オレは徳間さんが好きなんだ。だから、われわれの神経を逆撫でするようなことはやめてくれ」

と言ったという。

この慰労会で、徳間は中国のトップの趙紫陽《ジャオズーヤン》と会った。それが、次の『敦煌』製作のとてつもない難題を解決させる重要なカードとなる。

馬の問題や砂漠の石窟《せっくつ》・莫高窟《ばっこうくつ》の撮影許可等、越えられそうもない壁を徳間は越えたのだが、それを徳間は、一九九三年三月一五日号の『キネマ旬報』で次のような笑い話にしている。

『未完の対局』調印式で、趙偉・中国電影合作制版公司副総経理と握手

「砂漠の中に城を作ってみたり、電気もなきゃ、水もなきゃ、馬もいないようなところへ馬を連れていったりしてね。あの敦煌城だって我々が作って燃やす予定だったのですが『燃やすな』って（中国側が）言うんです。『遺跡古跡でこれから稼ぐんだ』と（笑）。『何を言っとるんですか。これは敦煌城炎上のクライマックス・シーンとして燃やすために建てたんだ』、そう言うと『火をつけるのなら燃えた残骸をみんな日本に持って帰れ』って（笑）。『昔の砂漠に戻せ』と言うんですよ。そんなことできるわけない（笑）。結局燃やさないで、もうひと回り小さく、入口の門だけ作ってそれを燃やしたんです。今あそこにラクダを入れたり、店が出たりで稼いでますよ。おでん屋まで出てるらしい（爆笑）」

このインタビューで徳間は、

「山崎豊子さんの『大地の子』を映画化しようと思っているんですが、なかなか中国の情勢がインフレみたいな形になってしまってね、ちょっと時期尚早で、ま、延長戦というところですな」

と言っている。

山本洋によれば、結局、これは中国側の事情で実現できなかった。

同じ山崎の『沈まぬ太陽』に、『週刊新潮』連載中から着目し、映画化しようと企画を進めていたのが東映の高岩淡《たかいわたん》である。しかし、スポンサーとしての日本航空の圧力は現在とは比較にならないほど強く、東映ではやれそうもなかった。

それで高岩は山本に話を持って来る。徳間に言ってくれ、というわけである。

山本が原作も読み、どんな映画にするか考えてからと思っていたら、徳間から呼び出しがかかった。開口一番、

「洋ちゃん、オレに何か隠してるだろう」

と言われて、

「いえ」

と言ったら、

「日本航空の映画だよ」

とタネ明かしをされた。

何かの機会に高岩と会って、

「あの話はどうですか」

と言われたらしい。

山本も少しあわてて、徳間に、

「原作を読みますか」

と水を向けたら、

「必要ない。オレは作者よりよく知っている」

中曽根康弘から瀬島龍三を通じて日本航空の再建を托された伊藤淳二が徳間を頼みとして逐一相談していたからである。

ちなみに主人公のモデルの小倉寛太郎《おぐらひろたろう》と私は二〇〇〇年秋に『企業と人間』（岩波ブックレット）という共著を出している。

徳間にとって、日本航空の広告ストップなど問題ではない。伊藤との関係もあって、徳間はこの話に乗った。

「これで日本映画はハリウッドを越えられる。東映と一緒にやろう」

そんな徳間の前に原作者の山崎が立ちはだかる。『大地の子』の挫折もあって、

「どうせ、できないんでしょう」

と、なかなかオーケーを出さない。

遂に、徳間が、

「オレが行く」

と言い出した。

そして、もう具合の悪くなっていた身体で、堺市浜寺の山崎宅を訪ねた。何も具体的な話はせず、一時間ほど歓談し、最後に握手をして別れた。

決まり、である。

マスコミ発表をすると、山崎から、

「まだ、判を押してないのに」

と電話が来たが、拒絶ではなく、苦笑のそれだった。

これが徳間が亡くなる四ヵ月前の二〇〇〇年五月のことである。

亡くなる二日前、徳間は山本に、

「もし東映がやらないと言っても、『沈まぬ太陽』は大映だけでもやれよ」

と言った。遺言である。

それを、徳間が亡くなった翌日に山崎に伝えると、山崎は絶句し、

「そこまで徳間さんは言ってくれていたのか」

と泣き出した。

体調が悪くて行けないからと伝えてきていた「お別れの会」に、突然、山崎が現われたのも、徳間への思いの強さ故だろう。

『沈まぬ太陽』で決してよくは描かれていない中曽根康弘への配慮も徳間は忘れなかった。何人かの財界人と共に中曽根を招き、その席で、ある財界人に、

「徳間さんは頼まれて、しょうがなくて、『沈まぬ太陽』を映画にするらしいねェ」

と言わせ、それについては黙して語らぬ中曽根への仁義を切ったのである。

徳間は山本に、

「これで、あいさつはすんだ」

と言った。この後、一〇年近く経って角川グループが映画化するが、倒産寸前で力が衰えていても日本航空の妨害は凄まじかった。

## ソフト産業は冒険産業

「徳間さんを見ていると、絶壁の岩の上で翼を休めている一羽の大きなワシを感じる。それも、仕事を終えて大空を舞うワシではなく、つぎになにをやろうかと前方を

にらんでいるワシです。——今年は『敦煌』が徳間さんの手で中国で映画化されるという、私の生涯にとって大きな意味を持つ年です。『敦煌』は全部、徳間さんにお任せしました。どうかご自由に、しかし今年中には作っていただきたい」

これは、徳間書店の創立三〇周年の一九八四年一月一八日、赤坂プリンスホテルで開かれた恒例の新年祝賀パーティで井上靖が行なったスピーチである。

同年の三月一一日には記念事業の一つとして企画されたアニメ映画『風の谷のナウシカ』が全国の東映系映画館で一斉に封切られてもいる。

ちなみに、『敦煌』の映画化には、中国は最初、反対だった。なぜかを探ってみると、漢民族が西夏王国というチベット族に負ける話だからということがわかった。中国政府としては少数民族対策上、非常に困るし、歴史的にもはっきりしているわけではないと言って譲らない。

それで徳間は、西夏軍の李元昊《りげんこう》と漢民族の争いは大いに戦った末に引き分けにしてはどうか、と提案した。

「お互いによく健闘した。いずれまた会おうや」

とエールを交換して夕陽を浴びて別れるのはどうか、と言ったのである。

「それはいい」

と中国側は乗ったが、原作者の井上靖が了承してくれるかはわからない。

中国から帰国した徳間は急遽、井上宅に駆けつけた。酒が出て、それを飲みながら、徳間は単刀直入に頼んだ。

「先生、あれを引き分けにして下さい」

井上も短く応じた。

「活字と映像は違います。徳間さんのお好きなように作りなさい」

『キネマ旬報』の一九九三年三月一五日号で、この逸話を紹介しながら、徳間は、

「井上先生はやっぱり偉い人ですね」

と語っている。

そして、こう続けているのである。

「でも、いざとなったら中国側の責任者は恥ずかしくなったんですね。いろいろな歴史を調べるとやっぱり井上先生の小説が正しいんだ。あの小説は今では高校の教科書にまで採用されていますから」

このインタビューの結びの、ソフト産業というのは一種の冒険産業だという指摘も

興味深い。

「そういうものがソフト産業だという意識がなければソフトには手を出さないほうがいいですね。博奕打《ばくち》ちですね。それが根本です。私は決してこれは恥じゃないと思っている。ソフト産業とはそういうものなんだ。当るか当らないか、そんなこと神様じゃなきゃ分かりませんよ。また逆に結果が常に不明なるが故に、あまりたらたらやっているとと失敗する。いったん全部切って、新しいエネルギーを持った人間を引っ張ってきてやってもらう。活性化するエネルギーというのは、若いか、新鮮か、情熱があるか、決意（がある）かによるんですね。勿論才能は必要です。（しかし）一番の中心はパッション、情熱です」

もちろん、冒険の成功のためには周到な準備をする。不可能を可能にする情熱をもって、それをやる。

その一端を『徳間康快追悼集』で、NHKを辞めて、官房長官などを歴任した赤城《あかぎ》宗徳《むねのり》の秘書となり、自民党の代議士をやった水野清が披露している。

『敦煌』を作った時、徳間は、どこでどう親しくなったのか、中国の実力者だった鄧《トン》小平《シャオピン》と話をつけ、人民解放軍に昔の衣装を着せ、エキストラに使ったというのである。解放軍のヘリコプターで砂漠の中に資材を運んだりもしたと語られて、水野は目を丸くしたというのだが、徳間の話だから、かなり膨らましてはあるだろう。

このように中国に傾斜していたかと思えば、一転、中国とソ連の対立が激しくなっていた時代にソ連に行って『おろしや国酔夢譚《こくすいむたん》』という映画を作ってしまう。

水野ならずとも、「平気で想像外の人間関係を作れる人で、この点は兄貴分とは思っていたが大きさに頭を下げざるを得ない不思議な人であった」と徳間には舌を巻くしかないのである。

徳間が最後にゼネラル・プロデューサーを務めた第一二回の東京国際映画祭が開催されたのは一九九九年の一〇月。ここで韓国映画の『シュリ』が特別招待作品として上映された。

四方田犬彦《よもたいぬひこ》の『ソウルの風景』(岩波新書)によれば、北朝鮮のテロリストがワールドカップのための南北交流試合場で暗殺を企てるというこのアクション映画には金《キム》正日《ジョンイル》が不快感を表明したらしい。

そんなこともあって、これは上映しない方がいいという声も強かった中で、徳間は、

「じゃあ、オレが観て判断する」

と言い、徳間ホールで徳間のためだけの試写会が行なわれた。

観終わって出て来た徳間は、『シュリ』の配給をしたシネカノンの社長、李鳳宇《イボンウ》に、

「李君、この映画は当たるよ。やろう、これは凄い映画だ。一〇億は来るな、これは」

と言った。

これで上映が決定したのだが、当時は、北朝鮮を支持する朝鮮総聯《そうれん》の力が異常なほどに強かった。

それで徳間は大映の山本洋と東京国際映画祭事務局長の堀江利行を連れて、総聯の本部へ赴く。

そして、『シュリ』を上映することを告げ、今後、北朝鮮の映画でいいものがあったら、東京国際映画祭で上映してもいいから、と言って引き揚げて来た。

「もしものときには、自分が全責任を負う」

徳間はこう言い切ってもいたが、この踏み込みによって、何の反対運動も起こらなかった。徳間は、むしろ、障害があれば、いわゆるアドレナリンが出てやまない人間

なのである。

大映創立一〇周年記念作品と銘打った『悪魔の飽食』の映画化もそうだった。これは光文社から出て大ベストセラーとなった森村誠一の作品で、関東軍の七三一部隊、いわゆる石井部隊が中国で捕虜とした中国人を丸太と呼び残虐な生体実験を行なったことについてのドキュメントである。しかし、続巻に掲載された数枚の写真がニセモノで、右翼の激しい攻撃を受けたことでも話題を呼んだ。

それを徳間は映画化しようとした。企画意図として「映画化にあたって、七三一部隊を再現するだけでなく、現代にどす黒く生きつづける影を医療・医学界を舞台にストーリーを起こし、七三一の秘密のベールをはがす構成で、サスペンス含みのエンターテイメントな作品に仕上げるものである」と書かれている。しかし、結局これは実現しなかった。前述したように、徳間と中国の関係が悪化したことも原因していただろう。

それもあって、徳間はソ連にシフトし、『おろしや国酔夢譚』を完成させる。それについての「いい話」を翻訳者のボリス・ラスキンが教える。一九二七年生まれで、モスクワの『プログレス』出版社の極東部長だったラスキンは『潮』の一九九一年七月号で「日本の出版人たちとの付き合い」を書き、徳間にも言及している。

　ラスキンが徳間と知り合いになったのは、一九六七年六月に徳間が日本出版代表団の一員としてモスクワを訪れた時だった。講談社社長の野間省一《のましょういち》、岩波書店社長の岩波雄二郎らの一行の中で、徳間は若い方で、何か珍しいものを持って飛行機から降りて来た。それは衣紋掛けにかけた背広で、背広がシワだらけにならないよう、トランクに入れないで、手に持っていることが流行していた。

「徳間さんは小さいことも大がかりなことも新しい企画にはとても敏捷な方である」

と印象づけられたとラスキンは回想している。

　この旅行中、突然、徳間がいなくなったことがあった。みんなで探しに行ったら、葡萄園でうつぶせになって寝ている。グルジアのソフォーズ（国営農場）でのことだったが、

「よくぞ倒れるまで飲んでくれた」と徳間の株は急上昇した。

　連日の歓迎で、ほぼ毎日、二日酔いである。そんな時、徳間はよく、ラスキンに近づいて来て、耳もとでささやいた。

「ぬすみざけ」

そして二人で黙って酒の売場へ行き、ウォトカ一杯を飲んだという。

これが縁で一気に親しくなった徳間とラスキンは、徳間が対外文化協会の副会長となってモスクワを訪れる度に会うようになる。

そして、一九八八年、『おろしや国酔夢譚』をソ連と日本の合作で映画化しようとモスクワを訪問したレセプションで、徳間はこう挨拶した。

「このレセプションに、有名な翻訳者、私の昔なじみのラスキンさんがきていただいてうれしい。ラスキンさんの努力で井上靖先生の『おろしや国酔夢譚』のロシア語版が、再版を含めて、もう五十万部が出て、おかげさまでロシア人はその映画も面白く見るでしょう。

私はこの映画が日本とソビエトの友情のために、ささやかな貢献になるように祈ります。ラスキンさんのために乾杯します」

これを聞いてラスキンは、目の前が見えなくなるほど、ありがた涙が流れ出てきたという。一九七四年の日本留学中の徳間の厚情などが思い出されたからだった。ちなみに、ラスキンのこの回想の末尾には「この原稿は日本語で書かれており、翻訳したものではありません」と付記されている。

## ブルドーザーに乗った織田信長

麹町学園の校長室で上野尚之《なおゆき》が語る。上野は徳間が理事長をしていた（一時は校長も兼任）逗子開成学園の事務局長だった。

そして、ほぼ毎日、徳間からの電話を受け取っていたのである。電話は朝一〇時過ぎにかかってくる。

「事務局長、おはよう」

「おはようございます」

いつもの遣り取りの後、徳間が、

「報告！」

と声を高くする。上野が、

「昨日、入学説明会があり、たくさん参加しました」

と答える。徳間が、

「たくさん？　何人だ」

と追求する。

「六五〇人ぐらいです」

と人数を挙げると、徳間は、

「ぐらい？　そんなの報告じゃない。はっきりしろ」

と上野を叱った。

報告は「簡にして潔」だというのである。

怒られた話をしながら、上野はにこにこ笑っている。その顔はまた叱られたいという顔だった。

偶然なのだが、この上野と私は同郷で同学年であり、山形県庄内地方出身者が入る東京は駒込の学生寮で生活を共にした。上野は鶴岡南高出身で、私は酒田東高出身。そして、私の高校時代からの親友の三浦光紀（徳間ジャパン）が、よく、この寮に遊びに来て、私が留守だと、上野の部屋で私の帰寮を待っていたのだから、奇縁としか言いようがない。

私の大学時代のゼミの同期生の守屋弘が徳間書店に入ったことを加えれば、私が徳間の評伝を書くことになるのは運命だったのかもしれない。

徳間は逗子開成の卒業生である。

〽真白き富士の嶺　緑の江の島

ボート遭難の悲話にまつわる歌で知られる逗子開成は、しかし、その後、荒れた学園となっていた。

『徳間康快追悼集』で、長らく逗子に住んでいる石原慎太郎が、その様子をこう書いている。

石原が家から出て町や駅に向かう広くもない道を生徒たちがいっぱいに広がってふざけ合い、車が間近まで来ても、道を開けようともしない。はた迷惑この上もなかった。

「それがいつの頃からか、生徒たちの登校下校の姿が段々に変わってきて今では実に整然としたものになってしまった」

変化は徳間が理事長に就任してから起こったという。そのことを石原は最初知らなかった。

「たかが地方の高等学校といわれるかも知れないが、あの変化の素晴らしさはまさにリーダーの腕と情熱の所産であって刮目《かつもく》に値するものだった」と石原は書いている。

ほとんど人をほめることのない石原をして、こう脱帽させたのである。

後日、何かの折りに石原がそう言ったら、

「そうなんだよ、随分頑張ってやったんだよ。君の目にもそう見えて嬉しいよ」

と徳間は破顔したという。

こんな徳間を上野は「ブルドーザーに乗ってやってきた織田信長」と名づけた。

その〝信長〟が逗子開成にやってくるのは月に一度ほどだった。しかし、それを楽しみにし、

「また、あんな漁村に行かなければならない」

と口では言いながら、学校に来ると、生徒に囲まれて相好を崩していた。

「役者なんですよ」

と上野は笑う。

テレビや電話を備えた豪華なベンツでやってきて、ゆっくりとそれを走らせる。

生徒たちはそれだけで歓声をあげる。

また、生徒の直談判には、その場で、

「わかった」

と言った。たとえば食堂、そして冷暖房である。生徒会の要求として出されたそれに、徳間はつくると約束し、すぐに二〇〇人収容の食堂を設置し、冷暖房も装備した。

入学式などでの挨拶もユニークだった。

「男が人生を乗り切っていくには歯が大切だ。歯が丈夫なら闘いには勝てる。だから、君たちにはサンスターの歯磨きと歯ブラシをプレゼントする」

そう言って壇から降りて来た徳間は上野に、

「ああ言っちゃったからさあ、頼むな」

と声をかける。

「理事長、サンスターでなきゃダメですか」

と上野が尋ねると、徳間は、

「サンスターが日本一だから、そう言ったんで、サンスターでなくともいいよ」

と答えた。

また、徳間は水にこだわった。

中学、高校の校長が集まって、徳間理事長の方針を聞く会が開かれた時のこと。上野は一番前にすわれと言われている。

「消毒されている水道の水をそのまま飲んだら、カルキで頭が働かなくなる。だから、逗子開成では生徒のためにミネラル・ウォーターを山のように積んである」

そう語った徳間は、

「事務局長、そうだな」

と上野に同意を求める。

事実は違うのだが、上野も心得ていて、

「はい、そうです」

と大声で答えた。

問題はその後である。

水を頼むぞと念を押されて、上野は冷水器ではダメかと返す。ペットボトルと言っちゃったからなあと首をかしげながら、徳間は最上級の冷水器な、と断を下した。

徳間ならではの発想と、上野が驚いたのにトイレの新設がある。

就任まもなく、徳間は、三越や帝国ホテルのトイレに負けないぐらいの女性用トイレをつくれ、と言い出した。

男子校だったから、それまでは女性用トイレはほとんどなかったし、トイレの汚なさも並みではなかった。

「それを一新するのはお母さんを取り込むためだ」

ねらいは見事に当たって、逗子開成のイメージは格段に上がることになる。

そもそも、徳間が理事長にかつぎだされたのは、一九八〇年の一二月二五日に山岳部員五名と顧問一名が北アルプスの八方尾根で遭難し、それがクラブ活動だったのか、私的な登山だったのかで、学校とＰＴＡ、さらには卒業生たちの校友会で紛糾し、解決の方向が見えないまま、三年も経ったからだった。

母校の危機でもあり、頼まれると厭とは言えない人生を送ってきた徳間は、とりわけ多忙な時期だったのに腰を上げ、一九八四年二月、理事長に就任した。

徳間は理事長に就任するとすぐ、全理事を解任し、遭難事故を私的な登山と主張していた校長もやめさせ、さらに二つあった労働組合や分裂していた校友会を一つにした。

そして、事故は顧問が同行したのだからクラブ活動であり、学校の責任で解決すると決め、四月に合同慰霊祭を行ない、遺族との賠償金問題も落着させた。

ここで徳間は次の人にバトンタッチをする予定だった。しかし、徳間の手腕に対する評価はウナギのぼりで、退けなくなり、八四年の一〇月からは校長も兼務することになる。

そして停止していた中学校を再開して、中高一貫教育を打ち出し、スポーツ中心から勉強中心に教育方針を転換させる。

徳間がめざしたのは「日本一の学校」だった。そのためには大学への合格率を上げろと教師の尻を叩いた。東大がすべてではないのはわかっているけれども、わかりやすく東大へ入れろと徳間は言った。生徒が行きたい大学へ入れる力をつけてやるのが教師の仕事だろうというわけである。

もちろん、反発もあった。反発する教師に対しては、職員会議で、

「納得がいかない者は去れ。俺は具体的に名前を挙げてもいい。名指しする前に自分で辞めろ」

と迫った。ずいぶん乱暴なやり方だが、この危機に背水の陣で臨んでいるんだという迫力が徳間にはあった。

「私は教育者ではありません。緊急の事態だから理事長や校長をやっているんです。安定したら、すぐにでも退きます」

これが徳間の口癖だった。

昨日の後に今日があり、今日が過ぎれば明日があるだろうというような空気に狎《な》れきった教師たちには幾多の修羅場をくぐってきた徳間のこうした言葉と行動は大きなショックを与えた。実際に去って行った教師も少なくない。

ＰＴＡ総会などでの挨拶も新鮮だった。

ある時、ポーランドへ行ったら、プラザーという文化大臣が宴席を設けてくれて、

「今日はミスター・トクマが初対面の人もいるだろうから、ぜひ、日本が世界に誇る人の話を聞かせてもらいたい。富士山や芸者のことはわかっている。ソニーやセイコーの製品の優秀さも知っている。そうした話ではなくて平和のためや文化の面で活躍した人を三人挙げてほしい」

と言った。徳間は困って、

「私は着いたばかりで疲れている。思い出すのに時間がかかるので、まず、ポーランドの偉大なる人物を挙げてくれ」

と逃げた。するとプラザーは、

「かの地動説のコペルニクス、キュリー夫人、そしてショパン、あと何人挙げよう？」

と徳間に尋ねる。徳間は参って、その三人に乾杯！　と言い、ホテルに退散した。

この時、徳間は日本の文化と教育の貧困を痛感したのである。

## 失敗こそ人生

宮崎アニメの最新作『コクリコ坂から』に徳間をモデルとした徳丸理事長が登場する。

宮崎駿は『週刊金曜日』の二〇一一年一一月四日号で「スタジオジブリの恩人」である徳間について私に語ったが、徳間は宮崎に、自分がいままでやってきた中で一番うまくいったのは教育だ、と述懐したらしい。

ただ、理事長兼校長と社長の間に区別はなかった。逗子開成のＰＴＡで、校長としてはと言うべきところを社長としてはとやり、大笑いされてもいる。しかし、それでも徳間は許されたのである。

社員を存分に活躍させて責任は自分が取る。それが徳間のやり方だった。

「僕は、経営者なんて知りませんでしたから、徳間社長みたいな人がいっぱいいると思ってたんですよ。その後、いろんな大企業のいろんな人と会いましたけど、ああいう人は希有なことを随分時間をかけて学びました」

宮崎はこう語っている。

スタジオジブリの忘年会に顔を出して、一五分ほどで帰るつもりだった徳間が、スタッフの女性たちがお酌をしたら、もう酒を飲めない身体になっていたのに口をつけ、「ここは女が元気でいいなぁ」

と言って、かなり長居したという。

徳間はやはり、若い人が好きだった。

再建に駆り出された逗子開成では、進学校にするという方針のほかに海洋教育と映像教育の方針を掲げた。

「目の前が海じゃないか。海は世界に通じているんだ」

こう言って波打ち際に宿泊できる海洋教育センターを建て、工作室をつくって、生徒に一人乗り用のヨットを製作させた。それを相模湾で帆走実習させたりしたのだが、生徒数が多くなると、コストやスペースの問題が難しくなり、挫折している。しかし事務局長の上野尚之も指摘するように「ユニークなカリキュラム」だったことはまちがいないだろう。

映像教育では、のちに「徳間記念ホール」と名づけられたホールをつくり、大型スクリーンで三四〇人が観られるようにした。毎月一本、映画を選び、一日は生徒に、二日目は近所の人たちに開放する。逗子も鎌倉も映画館が衰退していたので、この逗子「開成シネマ倶楽部」は大変に喜ばれた。もちろん、徳間がプロデュースした映画もあり、冒頭に「製作総指揮 徳間康快」と出ると、特に生徒たちは歓声をあげたという。

徳間は教師たちにこう言った。

「一人の人間が経験できることは限られている。映画がいかに多くのものを与えてくれるか。学校の授業であなた方が教えていることは映画に比べればとても小さいことなんだ」

また、「未来からの留学生」と題した講演会を開き、小松左京や長嶋茂雄、さらには首相をやめたばかりの橋本龍太郎を招いた。橋本の父、龍伍《りようご》は逗子開成の卒業生でもある。

この時は事前に橋本を訪ね、謝礼として一〇〇万円を渡した。領収書はない。あとで経理上これが問題になるかもしれないと言うと、徳間は、

「じゃ、オレにボーナスを出したことにしろ」

と指示した。

橋本の来園には逗子警察の警備も大変だった。徳間は上野に、一〇万円とビール券を五〇枚ほど用意しろと命じ、逗子警察を訪ねた。

お世話になりましたと礼を言って、それを置いて帰って来たら、あとで、これは受け取れませんと一〇万円だけを返して来たという。

その報告を受けて徳間は、

「それでいいんだよ」

と頷いた。返してくることがわかっていても持って行く。それが徳間流の仁義の切り方だった。

毎朝の電話で、上野の方に報告事項がないこともある。ある時、徳間に、

「事務局長、報告!」

と言われた上野は、

「逗子はよく晴れています」

と答えた。一瞬の間があって、

「バカヤロー、新橋だって晴れてるよ」

という徳間の声が返って来た。

徳間が敏感に反応したのは逗子開成の周辺の土地に関してだった。東芝とかＮＥＣとかの土地が多い。ある時は、理事会にはあとで報告するから、いますぐ買うことにしろ、と無理を言う。上野が、

「それでは職員の給料が遅配になります」

と抵抗すると、

「そうならないようにするのがお前の仕事だろう」

と返される。

それでも首を縦に振らなかったら、バーンと電話を切られた。

それから一時間ぐらいして、また、徳間から電話がかかってくる。さっきとは違って声の調子も穏やかに、

「事務局長、あのな、いい方法が見つかったよ。会社で買って学校に貸し出す。これならいいだろう」

結局、買えなかったこともある。そんな時には、上野は、

「お前なんかに頼んだのがまちがいだった」

とか、さんざん言われた。

上野は一九九三年に四九歳で亡くなった田島喜一のことが忘れられない。上野より一歳上の田島を、徳間は中学校の教頭に抜擢した。田島は当時四六歳。隠れもなき共産党員だった。上野も親しくしていたが、徳間の人物鑑定眼に唸るような人事だった。

宮崎駿と名コンビを組むスタジオジブリのプロデューサー、鈴木敏夫は金澤誠著『徳間康快』で、徳間の思い出をこう語る。鈴木は徳間に、

「人が困った時に、一番何が役に立つか。俺もいろんな会社をやって苦境に立たされてきたし、ひどい目にもあってきたけれど、これさえあれば切り抜けられるというのは、何だと思う？」

と尋ねられた。わからなかったので鈴木が黙っていると、徳間は、

「人間的魅力だ。これさえあれば、あらゆる艱難辛苦《かんなんしんく》は乗り越えられる」

と続けた。

鈴木によれば、徳間は人と会った後に小さな手帳を出し、相手が何を話したかを小さな字で書いた。

徳間の日課は、ほぼ夜九時帰宅、一〇時就寝。午前三時に起きて一時間かけて老いた顔を直し、その後散歩一時間。そして朝五時から、小さな手帳に書いたことを日記帳に写す。

それを一週間に一回、一ヵ月に一回、さらには三ヵ月に一回と読み直す。

その間、そこに書いた人と再び会う機会があれば、日記帳の中からその人の言葉を拾い、発言集をつくって、

「あなたはこの間こういうことを言ってたでしょう」

とやる。相手は自分を覚えていてくれたと感激するわけである。

スーツには肩だけでなく前面までパットが入っていた。人間は見てくれだぞと口癖のように言っていた徳間は、自分を恰幅《かっぷく》よく見せるために、そこまで努力していたのである。

その人脈の広さは驚くばかりで、

「俺は重信房子《しげのぶふさこ》と仲がよくてな。あれに頼まれてパレスチナへジープを送ったんだ」

とも言っていた。

鈴木は徳間から聞かされた二つの言葉を強く記憶している。

「カネというのは紙なんだ。みんながカネだと思っているからカネになる。あんなもの紙なんだから、どうってことない」

「人間というのは最後になると、人が人の肉を食うんだ」

「人が人の肉を食う」は『サンデー毎日』一九七四年一〇月二七日号の「森敦の問答縦横」で、徳間が孔子や孟子より荀子《じゅんし》や韓非子《かんぴし》に親近感をおぼえると語っているのに通う。

「人は信じない。人は生まれながらにして性は悪だ。みずからもそう思ってますよ」

こう断言している徳間は、森に、

「ときどき社長演説をやるという話だが、どんな演説するんですか」

と問われて、こう答えている。

「月に一ぺんやるんです。それは、肝を冷やすような、激烈な演説をやるんです。自分が肝を冷やして話してるんですよ（笑）。ですから、相当必死の形相でやってます。ある意味で、社員全体のエネルギーを結集するには、暗示が必要ですよ。自分も暗示にかかんなきゃダメですよ。自分が暗示にかかる一番の基本は、現在の状況の正しい判断ですよ。その正しい判断が出てくる条件は一番苦しい条件ていうものを認識することです。一番苦しい条件の仕事を引き受けることです」

徳間も親しかった作家の開高健は好んで「心はさびしき狩人」と書いた。徳間もそうだったのだろう。『シュリ』の上映で徳間に感謝する李鳳宇は徳間を「最後の映画博徒」だと言い、『アサヒ芸能』と宮崎アニメを両立させた男と称している。「アウトローにしてインテリ、大ボラ吹きにして繊細な気配り、そして当代随一の先見性」を讃えているが、やはり映画博徒の李ならではの規定だろう。「問答縦横」の森敦は、徳間が自ら「康快のコウは健康の康、カイは愉快の快。ただしトンマ（頓馬）でコウカイ（後悔）するともいう」と称したと書いている。この対談で徳間は、成功した時は何の感激もないとし、失敗をして初めて心の安堵感を得る、と語る。そして、こう結論づけているのである。

「東京タイムズも失敗する、レコード会社も失敗する、大映も失敗したほうが、もっと次に、ある意味の価値ある仕事をするかもわからんですよ。いまの人たちは、失敗をこわがりすぎる。失敗を知らないね」

# おわりに

徳間康快は逸話の多い人だった。たとえば平和相互銀行の創業者の小宮山英蔵の弟、重四郎が衆議院議員選挙に立った時、運動員の違反で責任者の徳間が逮捕され、熊谷警察署に留置されたことがある。これにあわてたのが往年の名横綱、栃錦の春日野親方だった。徳間は、翌日に優勝祝賀パーティが予定されていた栃ノ海の後援会長だったからである。

熊谷警察署に夫人同伴で来た春日野親方は署長の前で汗だくになりながら、エーとか、ウーとか言って、何とか徳間を出してくれるよう交渉していた。

徳間自身は後年それを、

「見ものだったなあ」

と言って笑い話にしている。

その逸話の極めつきが一億円の香典だろう。無頼の音楽プロデューサーだった長田《おさだ》暁二《ぎょうじ》が徳間音工の常務だった時、出社すると、徳間に呼ばれ、

「喪服を用意しているから、それを着て、すぐに新幹線で出発してくれ」

と言われた。

行く先は山口組の三代目組長、田岡一雄の葬儀場である。新姫路で降り、迎えの車で運ばれる。受付で徳間に渡された茶封筒の中の一億円の小切手を出す。それが影響したのか、徳間の名代としての長田の席は最上席だった。隣に美空ひばり、鶴田浩二と続く。

当時、撮られた写真や映像には長田の顔が写っているが、長田もはじめて明かす逸話だという。

一時、徳間書店はヤクザと坊主で儲けている、と言われた。『週刊アサヒ芸能』がヤクザの業界誌と揶揄されるほど特集記事を連発したり、『田岡一雄自伝』がベストセラーとなったからである。坊主云々は高田《たかだ》好胤《こういん》の『心』などがヒットしたことに由

来する。

多分、徳間は香典という形で、その「お返し」をしたのだろう。さすがに葬儀には出席しなかったが、代理として長田を派遣した。

こうしたことには批判もあると思われる。しかし、徳間はそれを承知で行動した。「濁々併せ呑む」徳間は言ってみれば、絶対値の大きい男だった。それにプラスの符号をつけるか、マイナスの符号をつけるかで評価は分かれる。

私は、とにかく、徳間の絶対値の大きさを描きたかった。その振り幅の大きさに惹かれたからである。

そして、回転する独楽《こま》のような徳間の芯にある寂しさも描きたかった。それを達し得たかどうかは読者の判断に委ねたい。最後に、和田豊さんはじめ、取材に協力してくれた人たちに改めて感謝致します。

二〇一二年九月五日

佐高　信

# 文庫版へのあとがき

「清濁併せ呑む」というより「濁々併せ呑」んだ〝文化の仕掛け人〟徳間康快は1921（大正10）年生まれで、ソニーの盛田昭夫や政治評論家の藤原弘達、そして俳優のチャールズ・ブロンソンと同い年である。1歳上に女優の李香蘭こと山口淑子や原節子、1歳下に作家の瀬戸内寂聴や哲学者の鶴見俊輔がいる。

原題が『飲水思源』だった元本は、破天荒な徳間の魅力で多くの書評に迎えられた。

コンパクトだったのは2012年11月25日付の『神奈川新聞』のそれである。

「抜き身をひっさげてのし歩く。そんな鋭気の著者が異能の波瀾万丈を描くのだから、これが面白くないはずがない。痛快な日本人に久しぶりに出会った。それもそのはず、並はずれた『器』は戦後で絶えてしまった。

大物政治家、経済人、作家など、徳間の周りにはとかくうわさの人物を含めて型破りのカオがひしめく。それらの一挙一動を一方の手で描きつつ、別の手で主人公の立体像を彫り進める。一筋縄でいかない人間を浮きたたせるのに、この文体が巧みに働いた。体を張る、という品のない言い方があるが、出版業がひとヤマ当てるには、かなりの無理を伴う。結果として圧力に屈することもあれば、屈しないこともある。一例をあげれば、このわがまま社長が、剛直で鳴る著者に『筆を曲げろ』と命じたことはただの一度もなかった。

『アサヒ芸能』『東京タイムズ』の経営で知られる徳間だが、商売の手はほかにも広い。際どい付き合いもあるから、よけい逸話挿話は多い。そのくせ者ぶりに目を奪われると、読み手は戸惑うしかない。その一方で、彼には夢を追う少年の心情と、知的で無垢な側面があった。余技というべきか、逗子開成の理事長を引き受け、学園の空気を一新したくだりは緊張をはらんで快い」

私は、徳間康快というチャーミングで豪快な人間への道案内を務めたかった。この書評のタイトルは「夢に生きた無垢のくせ者」だが、これを読めば、その役はある程度果たせたかなと思う。しかし、実物はもっともっと魅力的なので、書き足りない思いも残った。それだけに演劇評論家の渡辺保さんの同年11月18日付の『毎日新聞』書評は、過褒とわかっていても嬉しかった。見出しは「人のために生きた〝怪物〟の哲学」である。

それはこう始まる。

「『三分に一度笑える爆笑映画』というコピーがあったが、この本は一頁《ページ》に一度笑える。

徳間康快《やすよし》の評伝である。徳間康快は新聞記者として出発し、戦後の争議に巻き込まれて退社。出版人として独立。徳間書店を起こし、アサヒ芸能、東京タイムズ、大映、スタジオジブリ、逗子開成学園の経営者として活躍した。現代の怪物。したがって逸話が多い」

経営はみんな難しくなった時に信頼する人から頼まれて引き受けたものだった。つまりは「頼まれ人生」である。

逸話は別として、渡辺さんの書評の結びを引こう。

「彼の口癖は『カネは銀行にいくらでもある』であり、『お札は紙に過ぎない』であった。収支はトントンになればいい、問題はその先を続けられるかどうかだという。この哲学があるから、自分が見ていいと思えば惜しげもなく投資して、それ以上の文句をいわなかった。製作者としては一流なのである。

そういう人間像を浮かび上がらせるために、著者は単に同時代の証言を集めるだけでなく、彼に影響を与えた人々の人間像を描いて、ついに勝海舟と清水の次郎長の逸話にまで及ぶ。その範囲は広大。歴代宰相、経済人、学者、作家、宗教家と、ここに登場する人物は百人に近いだろう。

書名の『飲水思源』とは中国の諺《ことわざ》で、井戸の水を飲む時は井戸を掘った人間のことを思え、という意味だそうである。

逸話の面白さも含めて破格の評伝である」

〝濁々併せ呑む〟と言っても、徳間は土地や株の投機には手を出さなかった。たとえばリクルート事件の江副浩正元社長ともつきあいがあり、相談にものっていたが、未公開株を受け取っていなかったために、安倍晋太郎元外相や牛尾治朗ウシオ電機元会長と違って、問題とならなかったのである。

天衣無縫に見えて一つの筋を通していたということだろう。大胆にして細心だったのである。

また、座持ちのうまさは天性のものだった。徳間さんが現れてニコッとするだけで、パッと座が明るくなる。フランスの哲学者アランは「楽観主義は意志の所産である」と言っているが、他人を愉快にさせながら、自分はとてつもない寂寥を抱えていた。そこがまた魅力だったのである。

二〇一六年四月一日

佐高　信

# 対談／森村誠一
# 徳間康快「豪快漢の真実」を語る

## あえて火中の栗を拾う性格

**佐高**　今年（二〇一二年）の九月二〇日は徳間書店創業者の徳間康快さんの十三回忌にあたります。

先日、（元衆議院議員の）河野洋平さんから聞いたのですが、親父さんの『河野一郎自伝』（一九六五年）が徳間書店から刊行されたんです。徳間書店から出すことについて、周囲からいろんなことを言われたそうです。当時の徳間書店はそんなに大きくなかったので、他にも出版社がたくさんあるじゃないか、みたいな話だったらしいんです。徳間書店は徳間康快さんが大きくした会社ですね。

今日は、〝ゴウカイ〟とも呼ばれた徳間康快さんについて話しましょう。

**森村** 徳間社長の人生は波乱万丈を絵に描いたようなものです。おつきあいしている人間がみんな非凡なんですね。凡人じゃない。人生一度限り、全方位に自分の可能性を追求する人であったと思います。徳間人脈が広大なのは、徳間社長が全天候型の戦闘機のような方だったからだと思います。

**佐高** 『悪魔の飽食』（一九八一年）の映画化の話がありましたでしょう。右翼の攻撃を受けた作品ですが、徳間さんの中には逆に血が騒ぐところがあるんですよね。もちろん中国への侵略の問題もありますけれども。

**森村** 徳間社長の生涯をたどってみますと、あえて火中の栗を拾う性格です。それから、一点にとどまらず常に上昇志向、拡大精神がありますね。

徳間社長と二人だけになったとき、何気なく「森村さん、ジンギスカンについて書いてみないか」って言われたことがあるんです。ジンギスカンは「地果て海尽きるまで」どんどん拡大していった人です。家来にも人材、豪傑がそろっています。徳間社長の人脈は、ジンギスカンの人脈に非常によく似ていると思いました。「雲より高く」「海より遠く」という精神の原形質があるんじゃないでしょうか。

**佐高**　徳間さんは〝異色官僚〟の佐橋滋やユニークな中国文学者の竹内好などが好きでしたね。

## 俺もカレーが食いたかった

**森村**　徳間社長の呼び方はまず、「会長」「社長」という呼び方、「先生」という呼び方、それから、「トクちゃん」「トクさん」「徳間君」「トク」とあります。呼び方によって、その人と徳間社長との位置関係がわかるようになってるんですよね。

**佐高**　そうですね。森村さんと徳間さんの最初の出会いはどうでしたか。

**森村**　僕と徳間書店の関わりは最初「問題小説」でした。当時の徳間書店は古ぼけた建物で、一階がおでん屋かなんかで。二階か三階に徳間社長がいらっしゃって。徳間社長とおつきあいするようになり、だんだん徳間人脈のすごさがわかってきて、とても私が足元に近づける人間ではないと思って敬遠してたんですね。

銀座で一人はぐれ、なにげなく会員制クラブのドアを押して黒服に断わられかけたとき、なぜか徳間社長が中に独りでおられて、「森さん、入れ入れ」と招かれました。そのときいただいたボトルがまだあのクラブにあるかもしれません。今は「伝説のボトル」です。

またあるとき、徳間社長からお声がかかって一緒に食事をしたんです。僕が、「まだ駆け出しの作家ではあるけれども、『トクちゃん』と呼ぶような人間に早くなりたい」と言ったら、「今、呼んでくれよ」って言うんです。

いくら何でも徳間大社長をまだ駆け出しの自分が「トクちゃん」だなんて呼べないと思ったんですが、「今、呼べ」と。「トク」と言ってから「ちゃん」が出てこないんですね。困っちゃって、「トク……さん」って言ったんですよ。そうしたら、「『さん』なんて言うな。『トクちゃん』でいいだろう」って言われました。

足元にも及べない人とつきあうのは疲れるなと思ったんですけど、徳間社長のほうが僕のほうに降りてきてくれるんですね。

**佐高**　絶対、肩書では判断しない。世俗的な基準と違う自分のモノサシを持っていて、最初から垣根を取り払っている人ですね。

**森村**　別の機会に徳間社長から食事にご招待されたことがあるんです。僕は徳間社長とは人間の格があまりにも違うから向かい合って食事をしたくないなと思ってたんです。やっぱり食事をする相手は「お前」「俺」の仲で、ケンカもできる人のほうが気が楽ですよね。徳間社長とはあまりにも人間が違いすぎるし、いくら憲法一四条で人間の平等が保障されていても気後れします。徳間社長を僕は尊敬してましたから。尊敬する人と一緒にメシを食うというのはかなりしんどいものです。神様と食うわけですから。

ただ、こんな機会はないから、書くネタも拾えるかもしれないと思ったところもありましたね。それで東京會舘に招待されて、徳間社長がいきなり僕に言ったのが、「森さん、何食う？」です。それでポロッと鎧が取れましたね。東京會舘のカレーがすごく好きなので、「カレーライスが食べたいです」と言ったら、徳間社長が、「俺も食いたかったんだ」と言ったんです。あの時だけ僕は徳間社長と対等に話ができましたね。シャンポールという広いダイニングを貸し切りでした。徳間社長と私と徳間書店の岩渕さん（現会長）ともう一人の四人でカレーライスを食べました。あれは豪勢でしたね。いずれ僕もやってみたいと思ってます。

**佐高**　『飲水思源』（金曜日）でも紹介させてもらったエピソードです。豪快な面と細心な面を兼ね備えていた人でした。私のような若輩にも隔たりを感じさせなかった。

## 「思い出話」の最中に突然……

**森村**　大藪春彦さんが亡くなったとき、徳間社長は葬儀委員長でした。声涙ともに下る「本来、俺のほうが先に行くべき年齢なのに、順序が逆になって、とても悲しい。俺が先に死んで、アンタに弔辞を読んでもらいたかったんだよ」というような弔辞を一語一語かみしめるように読んでおられました。徳間書店があった新橋のビルの大きな柱数本は「ヤブさん」が作ったんだっていうんですね。

精進落としの席上で、たまたま大藪夫人と徳間社長と岩渕さんと私の四人が一緒になって、大藪さんの思い出話をしてました。そうしたら、徳間社長が突然「大藪春彦賞を設定したい」と言いだしたんです。一瞬、その場にいた三人は黙っちゃったんですね。金がいくらあっても足りない時期だったから。大藪賞を設定するためにはパーティをしなきゃならないし、賞金も設定しなきゃいけません。ちょっと沈黙があってから僕は無責任に「いいですね。ぜひ社長、やりましょう」と言ったんです。それで決定です。だから、僕はかなり徳間書店に経済的な負担をかけさせたんじゃないかと思ってます。その証拠に僕は一度も選考委員になってないんですよ（笑）。

**佐高**　徳間康快の魅力は、また心の奥底に深い寂しさを抱えているところですよね。

**森村**　同時にその寂しさが、精神の構造だったのではないかと思います。新聞、出版、映画、アニメ、教育、異性などによっても充足されない空洞を抱えていたようだな。

　そしてその空洞こそが、徳間社長の人生の根源だったような気がします。豊富な人脈を持っていながら、本当に心と心が解け合ったという方が少ないとご本人が漏らしたことがあります。私のような一匹狼で、背負っている人間は家族だけだということであれば、どんな人間とでもつきあえるんですよ。徳間社長の背負っているものは大きすぎるから、その人間と一心同体になっちゃうと、自分が沈むときに相手も沈まなくちゃならない。そういう思いやりがあったんじゃないかと僕は思うんですけど、かなり重い寂しさでしょうね。

## 未知数に挑む「永遠の狩人」

**佐高**　自分は清濁併せ呑むではなく、〝濁々併せ呑む〟だと言っていたそうですが、交際の範囲はとてつもなく広かったですね。

**森村**　つきあう人は、多士済々。超大物、ヤクザ、右翼みたいな人もいるし、壮士もいる。みんな、個人差はあっても壊れているか変人が多い。とてもじゃないけど、私だったら、こんな大勢の〝怖そうな方々〟とおつきあいしたら、命がいくつあっても足りないんじゃないかと思いましたね。徳間社長は七八歳で亡くなったけれども、あの荷物を半分でも降ろしたら、九〇歳ぐらいまで生きたんじゃないかなと思います。背負った荷物に押し潰されたんじゃないんです。背負った荷物に対して、責任を負いすぎたんじゃないかと。

**佐高**　それから背負った荷物に自分でもまたいくつも荷物を負う人でしたね。

**森村**　戦国時代の武将・山中鹿介幸盛みたいに「我に七難八苦を与えたまえ」と、三日月にいつも祈ってるような感じですね。

　映画にしたって、『敦煌』でかなり酷《きび》しい思いをしてると思うんですよ。普通の人間だったら、その後の『おろしや国酔夢譚』は背負わないと思いますね。『敦煌』けっこう頑張っていきましたけど、『おろしや国酔夢譚』はどの角度から見ても『敦煌』に勝てないと思うんです。それをまた背負ったと。

　僕は「未知の狩人」という言葉が好きなんですけど、徳間社長という方は常に未知数に挑戦している永遠の狩人だと感じます。それも獲物の方が近づいて来るような狩人です。窮鳥は殺さない情けある狩人です。私は自分自身が「未知の狩人」になれないので、負い目を感じてたんですね。だから「徳さん」とはなかなか言えない。いわゆる劣等感がありました。でも、その劣等感を栄養にして作品化するのが作家。優越感では僕の場合、小説は書けません。

**佐高**　どこかの都知事に聞かせたい言葉ですね。

（「週刊アサヒ芸能」二〇一二年一一月八日号）

本書は、二〇一二年一〇月に金曜日より刊行された『飲水思源』を改題し、文庫化したものです。

佐高 信―1945年、山形県酒田市生まれ。高校教師、経済雑誌の編集者を経て評論家に。経済評論にとどまらず、憲法、教育など現代日本について辛口の評論活動を続ける。『週刊金曜日』編集委員。著書に『人間が幸福になれない日本の会社』(平凡社)、『安倍晋三と岸信介と公明党の罪』(河出書房新社)、『安倍政権10の大罪』(毎日新聞社)、『自民党と創価学会』(集英社)、『新装版 逆命利君』(講談社)、共著に『偽りの保守・安倍晋三の正体』(講談社)など多数。

講談社+α文庫 メディアの怪人《かいじん》 徳《とく》間《ま》康快《やすよし》

佐《さ》高《たか》 信《まこと》



2016年6月20日第1刷発行

発行者――鈴木 哲
発行所――株式会社 講談社
東京都文京区音羽2-12-21 〒112-8001
電話 編集(03)5395-3522
販売(03)5395-4415
業務(03)5395-3615
デザイン――鈴木成一デザイン室
カバー印刷――凸版印刷株式会社
印刷――凸版印刷株式会社
製本――株式会社国宝社

落丁本・乱丁本は購入書店名を明記のうえ、小社業務あてにお送りください。
送料は小社負担にてお取り替えします。
なお、この本の内容についてのお問い合わせは
第一事業局企画部「+α文庫」あてにお願いいたします。
Printed in Japan ISBN978-4-06-281675-5
定価はカバーに表示してあります。